Paula Horan

Die Reiki Kraft

**Das Handbuch für persönliche
und globale
Transformation**

WINDPFERD
Verlagsgesellschaft mbH.

1. Auflage 1989
2. Auflage 1990
3. Auflage 1990
4. Auflage 1991
5. Auflage 1992
6. Auflage 1992
7. Auflage 1993
8. Auflage 1994

© Windpferd Verlagsgesellschaft mbH., D-87648 Aitrang
Alle Rechte vorbehalten
Umschlaggestaltung: Wolfgang Jünemann
Zeichnungen: Peter Ehrhardt
Übersetzung aus dem Amerikanischen: Matthias Dehne
Gesamtherstellung: Schneelöwe Verlagsberatung, D-87648 Aitrang
ISBN 3-89385-049-X

Printed in Germany

Allen Suchenden
auf dem Weg zur EMANENZ
gewidmet.

Hinweis

Das Buch macht den Leser zwar mit einer Reihe von Hilfsmitteln zu Heilung und Selbstheilung bekannt, will aber keinesfalls bindende therapeutische Ratschläge zur Behandlung spezifischer Krankheiten geben. Autorin und Verlag empfehlen deshalb, daß Sie zur Behandlung jeder Krankheit einen Arzt oder Heilpraktiker konsultieren, bevor Sie mit einer Therapie beginnen.

Dr. phil. Paula Horan

Inhaltsverzeichnis

Danksagung 7

Vorwort 9

Einleitung 15

Kapitel 1
Die Reiki-Kraft – eine kurze Übersicht 19

Kapitel 2
Reiki und seine Geschichte 25

Kapitel 3
Wie sich Reiki von anderen Heilmethoden unterscheidet 35

Kapitel 4
Die Wirkungen der Reiki-Behandlung 43

Kapitel 5
Die fünf Grundsätze des Reiki 51

Kapitel 6
Was sind Einstimmungen? 65

Kapitel 7
Die Einführung in den ersten Reiki-Grad 71

Kapitel 8
Die 21 Tage der Reinigung und Läuterung 81

Kapitel 9
Die Einführung in den zweiten Reiki-Grad 85

Kapitel 10
Zusätzliche Hilfsmittel – Heilmethoden, die wir
zusammen mit der Reiki-Kraft anwenden können 91

    Die Lösung von Energieblockaden 91

    Farbe und Klang 97

    Kristalle 99

    Harmonisierung der Chakren 107

    Centering – die Erfahrung der Mitte 113

Kapitel 11
Reiki in Kombination mit weiteren Heilmethoden 121

Kapitel 12
Die Gruppenbehandlung 131

Kapitel 13
Die Behandlung von Säuglingen, Pflanzen,
Tieren, Nahrungsmitteln 135

Kapitel 14
Die Bedeutung des Energieaustausches 141

Kapitel 15
Die Behandlung spezifischer Beschwerden 147

Kapitel 16
Die Psychologie des Körpers oder:
wo sich die Emotionen ablagern 157

Kapitel 17
Die Bedeutung der Reiki-Kraft
für die Evolution des Bewußtseins 177

Glossar 180

Die Autorin 184

Adressen 185

Empfohlene Literatur 186

Danksagung

Das Buch ist untrennbar in die Entwicklung eingebettet, zu der ich mich aus eigenem Antrieb vor dreiundzwanzig Jahren mit dem Beginn meiner Suche nach praktikablen Methoden der Selbstheilung verpflichtet habe. Meine ersten Erlebnisse bei der Selbstbehandlung von Epilepsie, Zysten und Tumoren haben mich vieles gelehrt, vor allem aber die Macht des GEISTES* über die Materie und die Existenz feinstofflicher Ebenen der Wirklichkeit, auch wenn wir sie mit unserem normalen Auge nicht sehen können. Obwohl unser höheres Selbst stets auch unser bester Lehrer ist, begegnen wir auf dem Weg doch vielen Menschen, die uns leiten und Kenntnisse und Erfahrungen mit uns teilen.

Ich habe das Glück gehabt, viele ausgezeichnete Lehrer zu treffen, zu viele, um sie alle namentlich zu nennen. Ihnen allen bin ich dankbar. Erwähnen möchte ich an dieser Stelle die Lehrer und Mitarbeiter der *University for Humanistic Studies* und das *Institute of Psycho-Structural Balancing* in San Diego, Kalifornien. Ich habe ihre liebevolle Unterstützung dankbar genossen.

Nennen möchte ich ferner Autoren und Lehrer, deren Ideen und Entdeckungen in mein Buch Eingang gefunden haben: Paavo Airola, Vicki und Randall Baer, Ken Dychtwald, Eugene Ferson, Bara Fischer, Leonard Orr, Joyce Nelson, John Randolph Price, Sondra Ray, Ida Rolf, William Tiller und Marcel Vogel.

Ich möchte meiner Reiki-Meisterin, Kate Nani aus San Diego danken und meinen Mitschülerinnen und Mitschülern im dritten Grad: Don Riches aus London, Glen Of Trees aus New York, Nari Mayo aus Phoenix, Trino McAtee aus Colorado Springs, Dwayne

---

*Die englische Sprache unterscheidet *spirit* und *mind* eindeutig. Im Deutschen werden beide Worte häufig mit „Geist" übersetzt. In unserem Text wäre dies irreführend, denn hier will *spirit* auf spirituelle Dimensionen der Wirklichkeit hinweisen, während *mind* auf die Gesamtheit der psychischen Schichten des Menschen anspielt. Deswegen ist *spirit* durchgängig mit GEIST und *mind* mit Psyche übersetzt. Anm. d. Übers.

JaQuenex aus Portland, Gudrun Óladóttir aus Reykjavik, Francine Timothy aus Paris und aus Deutschland Karl Everding aus Frankfurt, Brigitte Ziegler und Helga Zepeck-Zimmermann aus München und Barbara Szepan aus Siegsdorf.

Dankbar bin ich Nari Mayo, daß ich ihre Gedichte verwenden durfte; meinem Vater Robert Horan, daß ich an einem ruhigen Ort ungestört schreiben konnte und er mir half, meine Arbeit in Europa auf eine gesunde Grundlage zu stellen; und Dwayne JaQuenex für sein Layout und Lektorat, das dem Buch erst seine wunderbar fließende Qualität geschenkt hat.

Ich muß mich auch bei meinen Schülerinnen und Schülern bedanken: Sie haben mich immer wieder darin bestärkt, das Buch zu schreiben.

Ihnen, lieber Leser, schließlich sei dafür gedankt, daß Sie, das Ziel vor Augen, den Weg der Transformation stetig beschreiten.

Vorwort

Die Reiki-Kraft klärt uns so tief und umfassend über Reiki auf wie kein anderes Buch, und das ist sicherlich ein Verdienst der Autorin. Paula Horan ist Doktor der Psychologie. Sie kreist das Thema in einem weitschwingenden Bogen ein, nähert sich ihm von vielen Seiten: aus dem Blickwinkel ihres beruflichen Hintergrunds; aus dem Blickwinkel der holistischen Heilerin; aus dem Blickwinkel ihres eigenen geistigen und spirituellen Werdegangs; und natürlich, alle diese Ansätze vereinend, aus dem Blickwinkel der Reiki-Meisterin.

Diese Vielfalt läßt Paula über die Unterschiede zwischen den verschiedenen Reiki-Schulen hinauswachsen, die ewigen Gesetze der Reiki-Kraft aufzeigen und würdigen.

Sachlich und differenziert arbeitet sie die Wirkung der Reiki-Kraft auf die physische, feinstoffliche und verursachende Ebene heraus. Wir folgen ihrer Darstellung und beginnen die Verbindung zwischen Reiki und allen anderen Heilweisen und spirituellen Wegen zu begreifen, die sie uns einfühlsam näherbringt. Aus meiner mannigfaltigen Erfahrung kann ich ihren Entdeckungen und Schlußfolgerungen nur beipflichten.

Ich bin Arzt, Reiki-Meister, Leiter der *Tree of Life* Seminare, Co-Direktor der ersten Kundalini-Klinik in den Vereinigten Staaten und habe selbst ein Buch zu einem verwandten Thema geschrieben: *Spiritual Nutrition and the Rainbow Diet.*

Meine Arbeit, meine Studien und meine Beobachtungen führten mich zu ähnlichen Schlußfolgerungen wie Paula.

Wir gehen beide davon aus, daß der Körper sich aus relativ undurchlässigen (der physische Körper) und relativ durchlässigen Energien (die feinstofflichen Ebenen) zusammensetzt. Letztere bezeichne ich als feinstofflich strukturierte Energiefelder. Die feinstofflich strukturierten Energiefelder bewegen sich gleichzeitig schneller u n d langsamer fort als das Licht und reflektieren insofern die Multidimensionalität des Menschen: Sie saugen die kosmische Energie (die schneller schwingt als das Licht) in den Körper (der langsamer schwingt als das Licht) und prägen überdies Struktur und Funktion der emotionalen, psychischen und physischen Ebenen.

Sind die feinstofflichen Energiefelder mit Lebenskraft gesättigt, fördern sie auf der physischen Ebene eine ausgewogene, harmonische Struktur. Wir können uns ihre Wirkung als eine fortwährende Anpassung an niedere Schwingungsebenen vorstellen: Von hoher energetischer Potenz auf die Ebene des physischen Körpers heruntertransformiert, sind sie sozusagen der Stempel oder Prägestock, der das DNS/RNS-System gesund aufbaut. Dieses wiederum harmonisiert über seine Weitergabe genetischer Information Enzyme, Proteinsynthese und Zellteilung. Gesunde Zellen teilen sich gesund und arbeiten gesund. Sie garantieren eine gesunde Funktion von Drüsen, Organen und Geweben. Kurz: Sie garantieren Gesundheit und Wohlbefinden.

Häufig wirkt sich die Wechselbeziehung der an diesem Prozeß beteiligten Daseinsebenen jedoch negativ aus: Störungen auf der emotionalen, psychischen und spirituellen Ebene oder ein ungesunder Lebensstil erzeugen Streß. Dieser Streß entzieht den feinstofflich strukturierten Energiefeldern mehr oder weniger Lebenskraft. Sie können die physischen Funktionen nur noch fehlerhaft steuern, und wir werden krank.

Wir können mit diesem Denkmodell den Alterungsprozeß neu definieren als: 1. Verlust von Lebenskraft und 2. Auflösungserscheinungen in den feinstofflich strukturierten Energiefeldern. Der zweite Hauptsatz der Thermodynamik bezeichnet dies als Entropie (definiert als: Zustandsgröße von Stoffen, die den Grad der Unumkehrbarkeit physikalischer Prozesse beschreibt oder einfacher charakterisiert als: „Tendenz zur Unordnung"). Der Alterungsprozeß kehrt sich um, wenn die Lebenskraft zunimmt und die feinstofflich strukturierten Energiefelder kräftigt. Wir werden nicht älter, sondern jünger und gesünder. Nach dem zweiten Hauptsatz der Thermodynamik eigentlich eine Unmöglichkeit, weil er ja gerade von der Unumkehrbarkeit der Entropie ausgeht.

Reiki führt die universale Lebenskraft unmittelbar den feinstofflich strukturierten Energiefeldern zu. Mit dieser Aufladung finden sie zu innerem Gleichgewicht, zu innerer Ordnung. Das heißt: die Reiki-Kraft überwindet die im zweiten Hauptsatz der Thermodynamik festgelegte „Tendenz zur Unordnung" und kehrt den Alterungsprozeß um. Sie leistet dies sowohl unmittelbar als auch mittelbar über die Harmonisierung des feinstofflichen Körpers und der Chakren.

Disharmonien im feinstofflichen Körper und in den Chakren blockieren den Zufluß der universalen Lebenskraft, so daß sie die menschliche Verkörperung nicht durchdringen kann, weder auf der physischen noch auf der psychischen noch auf der spirituellen Ebene. Die Lebenskraft kann nur durch vollkommen aufeinander abgestimmte und harmonisierte Chakren ungehindert strömen. Dann nährt sie den ganzen Menschen und heilt die emotionale, psychische und spirituelle Ebene unseres Daseins – macht uns „ganz". Sie werden die Tiefe und universale Gültigkeit von Paulas Buch klarer sehen und würdigen können, wenn Sie sich diesen einfachen Zusammenhang vergegenwärtigen.

Aber Paula vermittelt uns noch eine ganze Reihe anderer Einsichten, die zu begreifen wichtig ist. Zum Beispiel, daß Reiki kein monatelanges Studium, ja noch nicht einmal ein intellektuelles Verständnis seiner Wirkungsweise voraussetzt, auch wenn manchem von uns das intellektuelle Forschen und Erklären über alles geht. Reiki ist schön, weil es einfach ist. Reiki demokratisiert das Heilen. Das Buch und Paulas Lehrtätigkeit in der Dritten Welt zielen darauf ab. Auf den einfachsten Nenner gebracht: Reiki ist wie göttliche Gnade – für jeden da, der sich ihr öffnet.

Die Reiki-Kraft zeigt uns, daß Reiki jedem Wanderer auf dem geistigen Weg, der ein Kontinuum ist und infolgedessen unendlich, praktisch weiterhelfen kann. Beobachtungen an meinen eigenen Schülerinnen und Schülern bestätigen Paulas Ausführungen. Nach den Einstimmungen erfährt die spirituelle Entwicklung einen qualitativen Sprung. Wie häufig habe ich bei dieser Gelegenheit schon Durchbrüche zu einem reiferen Erleben der eigenen Gefühle und Spiritualität gesehen! Die spontane Freude dieser Momente bleibt erhalten, wenn Sie sich nach der Einweihung kontinuierlich mit der Reiki-Kraft behandeln. Mir gefällt an dem Buch außerdem, daß Paula die einundzwanzig Tage der Reinigung und Läuterung vielfach hervorhebt. Dies schärft den Blick. Der Reiki-Schüler kann seine Entwicklung in einem festen Rahmen beobachten und bewußter erleben.

In meinem Buch *Spiritual Nutrition and the Rainbow Diet* habe ich wissenschaftlich nachgewiesen, daß wir Menschen im Grunde „menschliche Kristalle" sind, zusammengesetzt aus einer Vielzahl von Fest- und Flüssigkeitskristallen. Wir können Paulas Aussagen zu den Vorgängen auf den einzelnen Schwingungsebenen damit leicht erklären: Disharmonische oder negative Gedanken und Emotionen setzen sich in unserer kristallinen Struktur in Form niederer Schwingungsfrequenzen fest. Die Reiki-Kraft erhöht die Schwingungsfrequenz, daß sie sich auf ihre volle Intensität zubewegt. Die Schwingungen werden immer kräftiger. Infolgedessen können sich die festsitzenden und undurchlässigen „kristallierten Gedanken" nicht mehr halten und ihre Dissonanzen nicht durchsetzen. Sie werden aufgelöst und aus dem physischen und feinstofflichen Körper ausgeschieden.

Wir brauchen negative Gedanken und Emotionen nur zu beobachten. Anstatt uns auf sie einzulassen, sollten wir sie besser loslassen. Dann verschwinden sie sehr schnell aus Körper und Seele. Und wenn dann die Dissonanzen endgültig aus dem Körper gewichen sind, schwingt seine kristalline Struktur mehr mit der universalen Lebenskraft mit und kann sich auch offener und freier bewegen.

Je mehr Lebenskraft den Körper unbehindert durchpulst, desto leichter läßt sich in ihm die transformierende Kundalini-Kraft erwecken. Nach der Erweckung der Kundalini-Kraft aber lösen sich alle körperlichen und geistig-seelischen Sperren noch schneller.

Die Reiki-Kraft demokratisiert nicht nur Heilung und Selbstheilung, sie eröffnet überdies auch dem Nicht-Meditierenden den Zugang zu einer spirituellen Transformation, die gewöhnlich nur verwirklichen kann, wer auf einem geistigen Schulungsweg den Pfad der Meditation beschreitet.

Paula schreibt mit sehr viel Liebe über Reiki. Wir spüren das ganze Buch hindurch ihre Freude, Begeisterung und Kreativität, so daß wir ihr leicht folgen und die Anwendungsmöglichkeiten der Reiki-Kraft in vielen verschiedenen Heilmethoden und Lebensbereichen nachvollziehen können.

Vielleicht fragen Sie sich, wie die Reiki-Kraft beim Fasten die Giftstoffe im Körper lösen und ausscheiden kann. Oder Sie möchten gern wissen, ob sie bei Maschinenpannen wirkt. Ich kann es bestätigen, denn ich habe es selbst erlebt: Auf einer Workshop-Reise durch Europa sperrte sich meine Frau ungewollt in die Toilette des Museums von Genf ein, weil sich das Schloß plötzlich verklemmte. Jemand machte sich auf die Suche nach dem Hausmeister. Während wir auf ihn warteten, behandelte ich das Schloß mit der Reiki-Kraft. Nach ein paar Minuten ließ es sich wieder öffnen; meine Frau war frei.

Bei den Fastenretreats unter meiner Leitung üben wir eine Kombination von Gruppen-Reiki und Kristall-Heilung, die die Toxine mobilisiert und mögliche Nebenwirkungen oder Begleitsymptome ihrer Ausscheidung abzuschwächen scheint. Wie ist dies möglich? Dr. Tilden, ein anerkannter Experte der Toxikämie, hat nachweisen können, daß die Fähigkeit zur Entgiftung und Entschlackung von der allgemeinen Vitalität des Körpers abhängt. Das heißt: je offener die Kanäle der universalen Lebenskraft im Körper sind, desto leichter kann er sich entgiften.

Das Buch gewährt uns einen tiefen Einblick in die inneren Gesetze der Reiki-Kraft. Es ist für viele Leser geeignet, den erfahrenen Reiki-Lehrer nicht weniger als den Neuling. Paulas große Erfahrung auf dem Gebiet der holistischen Heilverfahren und ihr Verständnis des eigentlichen Heilungsprozesses schenken dem Buch Klarheit und Reichtum. So kann sie uns zeigen, was die Reiki-Kraft und was die Grundfaktoren der Heilung sind.

Die Reiki-Kraft ist eine Gnade, das Buch eines ihrer kostbaren Geschenke.

Dr. med. Gabriel Cousens, Reiki-Meister

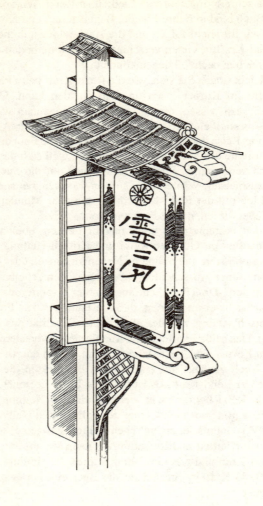

Einleitung

In allen Gesellschaften und Ländern der Erde werden die Menschen mit derselben Notwendigkeit konfrontiert: Wir müssen unser inneres Selbst heilen, eins und ganz werden, EMANENZ* verwirklichen, Tag für Tag – und in ihrem Sinn leben.

Vor zweitausend Jahren erfuhr die Menschheit eine andere Umstellung; sie stand vor der Einweihung durch das Wasser. Johannes der Täufer, der einsame Mahner in der Wildnis, war der erste, der sie uns vermittelte. Sinn der Einweihung durch das Wasser war, unseren physischen Körper, unsere „Tiernatur" zu reinigen und zu läutern, so daß wir bereit wären für Lehren, die uns höheren Schwingungsfrequenzen öffnen könnten. Diese Einweihung machte tiefen Eindruck auf die Menschheit. Das Motto von der „anderen Wange" des Neuen ersetzte das „Auge um Auge, Zahn um Zahn" des Alten Testaments. Und diese Entwicklung hat sich bis in unsere Tage fortgesetzt. Wir sehen es an Mahatma Gandhi. Wir sehen es an Martin Luther King.

Alte Gewohnheiten jedoch wollen so schnell nicht sterben! Bei aller positiven Veränderung in den letzten zweitausend Jahren, verwüsten auch in der Gegenwart Kriege noch weite Gebiete unseres Planeten, sind die Güter ungerecht verteilt und die globale Zerstörung der Lebensgrundlagen ein Zeichen unserer Mißachtung des ökologischen Gleichgewichts.

Und wir wissen genau, daß weder Politik noch Religion diese Probleme bewältigen können. Nur ein Quantensprung des kollektiven Bewußtseins der Menschheit verheißt Rettung. Die Einweihung durch das Wasser mag uns einen Anstoß gegeben und neue Leitbilder vermittelt haben. Aber von Harmonie und Gleichgewicht sind wir immer noch sehr weit entfernt. Wir müssen deshalb unsere Psyche in allen ihren Schichten tiefgreifend läutern und wandeln.

* siehe Glossar S. 181

Zwanzig Jahrhunderte nach Johannes dem Täufer erhalten wir nun die Einweihung durch das Feuer – die Feuer-Taufe. Sie läutert die menschliche Psyche im Wissen, das mit den Flammen der Liebe brennt. Schön wäre es, wenn uns dieses Wissen aus unserem bewußten Bemühen zufließen würde. Aber es kann auch anders kommen. Vielleicht zeigt die Natur es uns in riesigen Waldbränden, Chemikalienbränden oder Nuklearkatastrophen, weil wir ihre Gesetze mißachten. Erinnern Sie sich noch, wie viele verheerende Brandkatastrophen es in den letzten Jahren gegeben hat? Sie könnten ein Zeichen sein.

Die Einweihung durch das Feuer bereitet uns auf den nächsten Entwicklungsschritt vor: die Einweihung durch den GEIST*. Die hermetische Wissenschaft lehrt, daß der Mensch GEIST nicht verwirklichen kann, wenn Wasser nicht zuerst seinen Körper und Feuer seine Psyche gereinigt hat. Mit anderen Worten: Nur der Mensch wird frei, nur der Mensch vergegenwärtigt unmittelbare universale Bewußtheit, der die universale Lebenskraft den Körper und Wahrheit und Liebe die Psyche aufladen und läutern läßt.

Viele Wege der Läuterung führen zur EMANENZ. Es sind wohl so viele, wie es Menschen gibt. Mir haben schwere physische Krankheiten den Anstoß gegeben: Epilepsie und Tumore in der Brust. Sie haben sich letztlich als Segen erwiesen, denn sie haben mich auf den Weg der Gesundheit und Ganzheit geführt und bewogen, viele verschiedene Methoden des Heilens zu erlernen. Ich habe erkennen und erfahren dürfen, daß die Psyche regiert und die Materie reagiert, und ich habe die Bedeutung einer gesunden Ernährung schätzen gelernt. Meine Studien haben mich über mehrere Arten von Psycho- und Körpertherapien zu Geistheilern bis nach Mexiko und Brasilien geführt.

Dann lernte ich Reiki kennen. Wo auch immer ich vorher gesucht und geforscht haben mochte, eine einfachere und tiefgreifendere Methode, den Menschen in die Ganzheit und das Gleich-

---

*Einige Begriffe erscheinen im Text durchgängig in KAPITÄLCHEN, um anzudeuten, daß sie über den gewöhnlichen und uns bekannten Rahmen des Daseins hinausweisen und ihre Erfahrung ihn transformiert. Anm. d. Übers.

gewicht von Körper, Psyche und GEIST zu erheben und mit dem Erlebnis der EMANENZ zu beglücken, ist mir dabei nicht begegnet. Nirgendwo.

So steht Reiki natürlich im Mittelpunkt des Buches, das den Laien und erfahrenen Reiki-Übenden gleichermaßen ansprechen möchte. Eine Fülle von Informationen sind eingeflochten, gewissermaßen eine Nachlese und Aufbereitung meiner vieljährigen Forschungen. Auch meine Herkunft aus der Psychologie ist leicht erkennbar, denn ich habe ganz bewußt Erkenntnisse zur Psychologie des Körpers in den Text aufgenommen, um dem Leser die verursachende Ebene der Krankheit zu erklären, die, psychisch bedingt, sich in Form von Energieblockaden im Körper manifestiert. Am Ende empfehle ich Ihnen einige Bücher, die Ihnen auf dem Weg zu Heilung und Selbstheilung weiterhelfen mögen.

Ich möchte das Buch meinen Reiki-Schülerinnen und -Schülern widmen, die über die ganze Welt verstreut sind. Für mich war es stets ein Geschenk, daß ich ihnen helfen durfte, sich auf tiefere und umfassendere EMANENZ einzustimmen. Dankbar bin ich um so mehr, weil ich bei den Einstimmungen ihr höheres Selbst kennenlernen durfte. Das ist ein großes Privileg. Sie alle haben mich in der Wahrheit unserer Vereinigung im universalen GEIST bestärkt.

Das Buch wird hoffentlich auch Sie darin bestärken. Ich habe es geschrieben, weil ich Sie ermutigen möchte. Bitte, arbeiten Sie an sich. Leben Sie bewußt. Vielleicht erinnere ich Sie mit meinen Ausführungen ja auch vor allem an Dinge, die Sie bereits in sich tragen und bisher nur zeitweilig vergessen hatten.

Ich wünsche Ihnen Liebe und Licht – fortwährend sich weitende EMANENZ.

Paula Horan

Lautlos ist die Wahrheit meiner Seele,
bedeutsam nur für mich, denn
meine Wahrheiten sind nicht unbedingt
auch deine Wahrheiten.
Still also bleibt es, bis unsere Wahrheiten
in Stille sich begegnen.
Wie lachen wir dann, wenn wir erkennen,
daß jede sich in der anderen spiegelt.
Nari

KAPITEL 1

Die Reiki-Kraft – eine kurze Übersicht

Reiki ist das japanische Wort für die allumfassende und alles durchdringende Lebenskraft. Es setzt sich in der Kanji-Schrift des japanischen Alphabets aus zwei Schriftzeichen zusammen („Rei" und „Ki"), die es definieren als: „universaler transzendenter Geist", "geheimnisvolle Kraft", „Wesensgrund". Für sich genommen bedeutet „Ki" so viel wie „Lebenskraft". Damit ist es dem „Chi" verwandt, das wir aus der chinesischen Akupunktur kennen, dem „Licht der Gnosis" der christlichen Mystiker und der Bioplasma-Energie der russischen Forscher.

Wir alle verfügen über die Reiki-Kraft, die universale Lebensenergie, denn sie ist uns von Geburt an mitgegeben. Trotzdem unterscheidet sich Reiki von anderen Heilmethoden, vor allem durch die sogenannten Einstimmungen oder Einweihungen, die die Schülerin und den Schüler in die verschiedenen und fortschreitend sich vertiefenden Stufen der Reiki-Erfahrung einführen. Jeder kann heilen. Dazu braucht er nur seine Hände aufzulegen und dem anderen magnetische Energie zu übertragen. Mit den Reiki-Einstimmungen jedoch geht dies noch wesentlich besser, denn in ihnen bekommen wir altüberlieferte Bewußtseinstechniken vermittelt, die den physischen und den Äther-Körper auf eine höhere Schwingungsebene heben. Überdies öffnen sie einige Energiezentren (Chakren), was uns befähigt, die universale Lebenskraft intensiver durch unser eigenes Dasein fließen und schwingen zu lassen, eine Entwicklung, die wir häufig mit dem englischen Wort „channeln" bezeichnen.

Allerdings wird Reiki niemals „gesendet", sondern durch die entsprechenden Kanäle „eingezogen", man könnte auch sagen

„angesaugt". Ein Beispiel: Nehmen wir an, ich behandle Sie mit Reiki. Was geschieht dabei? Nun, es ist im Prinzip sehr einfach: Sie „saugen" die Energie „ein", die Sie brauchen, und diese verteilt sich in Ihrem Körper, wo immer sie benötigt wird. Der Vorgang laugt aber auch mich nicht aus und erschöpft meine Energien keineswegs, weil ich nämlich eine Behandlung „bekomme", während ich Ihnen eine Behandlung „gebe". Während ich Sie behandle, fließt die Reiki-Kraft durch mein Scheitel-Chakra in mich hinein und strömt durch die oberen Energiezentren zum Herzen und Solarplexus, bis ein Rest durch meine Arme und Hände in Sie übergeht. Und so kommt es, daß die Weitergabe der Reiki-Kraft mich niemals erschöpft, denn jede Behandlung speichert auch in meinem Körper zusätzliche Energie. Da die Reiki-Kraft überdies durch die grundsätzlich „sauberen" Bahnen durch mich strömt, die die Einstimmungen in mir geöffnet haben, werden Sie bei der Behandlung keine meiner persönlichen Probleme oder Schwierigkeiten in sich aufnehmen; Sie bleiben von meinen negativen Energien und Energieblockaden unbehelligt. Für den Heilvorgang ist dies sehr wichtig.

Die Eigenbehandlung ist ein weiterer Vorteil des Reiki-Systems. Sind Sie einmal „eingestimmt", genügt der innerlich bewußt formulierte Wunsch, genügt allein die Absicht, und schon können Sie sich selbst oder einen anderen Menschen behandeln. Allein der Gedanke läßt die Energie durch die sauberen Bahnen strömen.

Eigenbehandlungen wirken unmittelbar. Sie entspannen und bauen Streß ab. Sie verdichten und beschleunigen die Lebenskraft und fördern damit das Gleichgewicht des physischen und des Äther-Körpers. Darüber hinaus steigert die Eigenbehandlung mit der Reiki-Kraft Ihr Wohlbefinden, indem sie Energieblockaden löst und die Emotionen freisetzt, die Sie unbewußt in sich halten.

Reiki ist keine Religion, ist weder an einen Glauben noch an irgend ein Dogma gebunden. Am besten beschreiben wir es als eine altehrwürdige Wissenschaft, über Jahrtausende verborgen, bis Dr. Usui sie in tibetischen Schriften wiederentdeckte.

Forscher der Universität Stanford in Kalifornien sind der Reiki-Kraft mit sehr feinen Meßgeräten nachgegangen und haben dabei festgestellt, daß sie am Scheitelchakra in die Energiezentren des Heilers eintritt und durch seine Hände ausströmt. Auf der nördlichen Erdhalbkugel kommt die Energie von Norden; auf der südlichen von Süden. Einmal erweckt, scheint sie sich gegen den Uhrzeigersinn spiralförmig fortzusetzen; damit ähnelt sie der Doppel-Helix des DNS.

Während die Energie bei der Behandlung aus den Händen ausströmt, gewinnt sie zusätzliche Kraft; sie wird immer intensiver. Dr. Bara Fischer aus Santa Fé in New Mexico konnte dies mit einer von ihr entwickelten Technik nachweisen, die die Lebenskraft durch die Aura-Photographie nach der Methode von Kirlian sichtbar macht. Dr. Fischer nahm meine Hände vor und während einer Fernbehandlung nach dieser Methode auf. Anhand der folgenden Abbildungen (S. 22) können Sie selbst erkennen, daß das vor der Behandlung aufgenommene Bild (oben) einen deutlich kleineren Strahlenkranz um die Hände zeigt als das Bild, das während der Behandlung (unten) aufgenommen wurde.

Wir wissen auf Grund der vorliegenden Daten überdies, daß sich lösende Energieblockaden an einem plasmatischen Strömen erkennbar sind. Das heißt: die Energie durchpulst den Körper nun unbehindert. Da der Klient selbst ihre Tiefe und ihren Erfolg bestimmt, führt jede Behandlung mit der Reiki-Kraft zu einem anderen Ergebnis. Wir stellten bereits fest: Bei der Reiki-Behandlung nimmt jeder Mensch so viel Lebenskraft in sich auf, wie er gerade benötigt, um die in seinem physischen oder feinstofflichen Körper gestaute Energie freizusetzen, zu beleben oder zu transformieren. Aber Reiki verwandelt mit der Regeneration der Organe und der Kräftigung von Gewebe- und Knochenstruktur nicht nur die chemische Zusammensetzung des Körpers; es schenkt darüber hinaus geistig-seelisches Gleichgewicht.

Da Reiki an keine Weltanschauung und kein Glaubenssystem gebunden ist, braucht es auch keine umfangreiche geistige Vorbereitung oder Unterweisung. Jeder kann sich jederzeit mit der

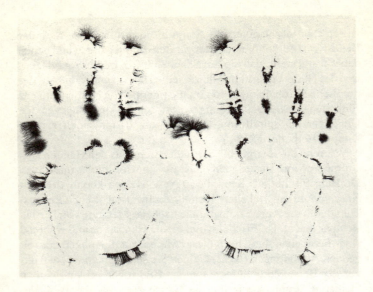
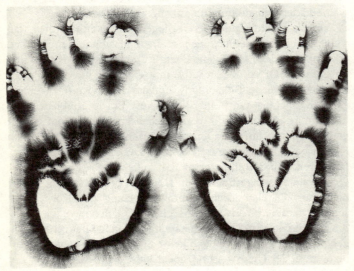

Reiki-Kraft behandeln lassen oder selbst behandeln und braucht dazu nur eine Voraussetzung zu erfüllen: er muß von dem Wunsch beseelt sein, Lebenskraft in sich aufzunehmen, ganz offen, ganz frei. Und das gleiche gilt auch für die Heilerin oder den Heiler: der Wunsch zu heilen beseelt die Heilung und setzt die Behandlung in Gang, vorausgesetzt sie geschieht im Geist und mit den Methoden, die die verschiedenen Einstimmungen oder Einweihungen dem Übenden erschließen.

Reiki ist das vollkommene Werkzeug, denn seine Anwendung schenkt uns mit der Entfaltung alles durchdringender Bewußtheit den Schlüssel zur Erleuchtung. Allerdings reicht es nicht aus, über Reiki zu reden. Wie die meisten wertvollen Dinge und Ereignisse in Ihrem Leben werden Sie auch Reiki nur in ganzer Tiefe wahrnehmen und würdigen können, wenn Sie sich von der Reiki-Kraft berühren lassen, sie unmittelbar erfahren und erleben. In diesem Sinn wünsche ich Ihnen viel Spaß auf Ihrer Forschungsreise durch das Reich der Reiki-Kraft.

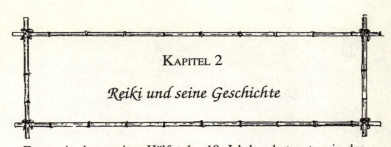

Kapitel 2
Reiki und seine Geschichte

Es war in der zweiten Hälfte des 19. Jahrhunderts, etwa in der Mitte der Meji-Epoche, als Dr. Mikao Usui eine kleine christliche Universität in Kyoto leitete. Viel Neues, Aufregendes tat sich in jener Zeit. Ein atemberaubender Umsturz hatte Japan und seine streng geordnete Feudalgesellschaft erfaßt. Erst wenige Jahre waren vergangen, seit die Japaner ihre selbstgewählte Isolation aufgegeben hatten. Jetzt ließen sie wieder „Gajin" ins Land, die „fremden Barbaren". Ungeheuer schnell paßten sie sich den Entwicklungen der ersten industriellen Revolution an. Man baute Eisenbahnlinien und importierte sogar das Baseball-Spiel. Wie gesagt, eine aufregende Zeit, auch für den intellektuellen und geistigen Austausch. Gemeinsam mit den Gesandten und Diplomaten der westlichen Welt betraten nach langem Verbot christliche Missionare japanischen Boden und weckten ein neues Interesse am Christentum in der ohnehin bereits traditionell eklektisch angelegten japanischen Gesellschaft. (Wie sehr sich die verschiedenen Religionen in Japan vermischen, mag man daran erkennen, daß die meisten Japaner nach Shinto-Ritus heiraten, während sie sich buddhistisch beerdigen lassen.) Dr. Usui allerdings war überzeugter Christ, hatte sich sogar zum Pfarrer weihen lassen und schließlich die Leitung eines theologischen Seminars übernommen. Dort unterrichtete er.

Eines Tages fragte ihn ein Student in seiner Klasse, ob er wörtlich und ohne Abstriche glauben würde, was in der Bibel geschrieben steht. „Ja." Daraufhin sprachen ihn seine Studenten auf die Geistheilungen Christi an. Hieß es in der Bibel nicht: „Ihr werdet noch größere Dinge tun als ich."? „Warum also", setzten sie nach,

„gibt es heute auf der Welt nicht mehr Heiler, die tun, was Christus tat? Und", fragten sie weiter, „wie sollen wir seinen Auftrag an die Apostel verstehen, die Kranken zu heilen und die Toten zum Leben zu erwecken? Wenn die Bibel recht hat, bitten wir Sie, uns zu lehren, wie." Dr. Usui war fassungslos. Seine Ehre war gefordert. Nach japanischem Verständnis mußte er die Fragen seiner Schüler beantworten können. Wie könnte er sie lehren, wenn er nicht einmal dazu in der Lage war? Also zog er die Konsequenzen und legte noch am selben Tag sein Amt nieder, entschlossen, das Rätsel zu lösen. Da er selbst vornehmlich bei amerikanischen Missionaren gelernt hatte, entschloß er sich zum Studium der Theologie an der Universität von Chicago. Aber man konnte seinen Wissensdurst nicht stillen. Er mußte an anderem Ort weitersuchen.

Auch dem Buddha schrieb man erstaunliche Wunderheilungen zu. Grund genug für Dr. Usui, nach Japan zurückzukehren und dort die Kenntnisse über diese Heilungen auszugraben, vielleicht sogar „neues" Wissen zu gewinnen, das eigentlich sehr alt und nur lange verschollen gewesen war. Die Aufzeichnungen über das Wie und Warum der Wunder Christi mochten allesamt verlorengegangen sein. Aber warum sollte er nicht etwas über die Methoden ähnlicher Wunder Buddhas entdecken, die zum Beispiel im Lotus-Sutra an vielen Stellen erwähnt sind.

Nach seiner Ankunft hörte er sich sogleich in einer Reihe von buddhistischen Klöstern um und erhielt doch überall den gleichen Bescheid. Wann immer er einen Abt fragte: „Haben Sie irgendwo nähere schriftliche Aufzeichnungen oder Überlieferungen über die Wunderheilungen Buddhas?", sagte ihm der: „Damit beschäftigen wir uns nicht, wir bemühen uns nur darum, den Geist der Gläubigen zu heilen."

Aber Dr. Usui gab nicht auf. Nach vielen vergeblichen Anläufen gelangte er an ein Zen-Kloster, wo man ihn erstmals in seiner Suche bestärkte. Der alte Abt stimmte ihm zu: Wenn Buddha, wie die Schriften sagen, Menschen durch Wunderheilungen körperlich wiederhergestellt hatte, mußte die Wunderheilung des

Körpers möglich sein, auch wenn man sich seit Jahrhunderten nur noch um die Ganzwerdung und Gesundung des Geistes gekümmert hatte. Der alte Abt brachte es auf den einfachen Satz: „Was einmal möglich war, muß immer möglich sein." Und er schloß mit der Einladung: „Am besten, du bleibst hier und setzt deine Suche bei uns fort."

Die Begeisterung des Abtes erfüllte auch Dr. Usui wieder mit Eifer, und so begann er die japanischen Übersetzungen der buddhistischen Schriften zu studieren. Als er zu keinem Ergebnis kam, lernte er Chinesisch und las die Sutras in dieser Sprache. Auch dies brachte wenig Neues. Deswegen widmete sich Dr. Usui nun dem Studium der tibetischen Schriften. Voraussetzung war die Kenntnis des Sanskrit, das er mit großem Fleiß erlernte. Sehr wahrscheinlich ist er kurze Zeit später nach Nordindien in den Himalaya aufgebrochen.

Interessant daran scheint, daß gerade im letzten Jahrhundert jene schriftlichen Zeugnisse in tibetischer Sprache auftauchten, die die Reisen eines heiligen Isa bezeugen, in dem einige Schriftgelehrte Jesus wiederzuerkennen glauben. Ob Dr. Usui diese Zeugnisse fand oder sich vielleicht mit anderen Schriften über Wunderheilungen beschäftigte, wird unbekannt bleiben. Wir wissen mit Sicherheit einzig, daß Dr. Usui nach Abschluß seiner Studien der tibetischen Versionen des Lotus-Sutra den Schlüssel zu den Wunderheilungen Christi gefunden zu haben glaubte. Ihm fehlte nur noch die Einweihung in ihr Geheimnis, die dieselben Kräfte und Fähigkeiten in ihm erwecken würde.

Nach seinem Teilerfolg wandte sich Dr. Usui abermals an seinen Freund, den alten Zen-Abt. Konnte es doch sein, daß dieser ihm Hinweise über die fehlende Kraftübertragung würde geben können. Nach einer gemeinsamen Meditation kamen sie übereinstimmend zu dem Schluß, daß Dr. Usui sich auf den Kuriyama begeben sollte, einen heiligen Berg etwa dreißig Kilometer vor Kyoto. Dort sollte er sich einer einundzwanzigtägigen Fastenmeditation unterziehen, einer Art Visionssuche, wie sie auch bei den Indianern Nordamerikas üblich ist.

Wenig später pilgerte Dr. Usui auf den Berg. Auf der Ostseite fand er einen speziellen Ort der Kraft, sammelte einundzwanzig Kiesel, mit denen er die Tage zählen würde, und begann zu meditieren. Zwanzig Fastentage waren bereits vergangen, die Morgendämmerung des einundzwanzigsten Tages stand kurz bevor. Es war eine Neumondnacht, also stockdunkel, und er tastete mit der Hand nach dem letzten Kiesel. Bisher hatte sich nichts Außergewöhnliches ereignet. So betete Dr. Usui, um endlich Antwort zu bekommen.

Im Himmelsraum erschien ein Lichtfunke, der rasch auf ihn zuflog und mit zunehmender Nähe immer größer wurde. Dr. Usui bekam Angst. Am liebsten wäre er aufgestanden und weggerannt. Aber vielleicht war dieser Lichtfunke ja ein Zeichen. Viele Jahre hatte er beharrlich an seiner Suche festgehalten; er konnte nicht einfach aufgeben. Er war auf alles vorbereitet, was auch immer geschehen sollte.

In diesem Augenblick schlug das Licht mitten auf seiner Stirn ein. Dr. Usui glaubte sich gestorben. Vor seinen Augen tanzten Millionen von Lichtblasen in allen Regenbogenfarben, verwandelten sich allmählich in weiße Lichtkugeln, die alle je einen goldenen dreidimensionalen Buchstaben des Sanskritalphabets in sich trugen. Langsam flogen sie nacheinander vor ihm vorbei, so daß er die Buchstaben in deren Mitte klar erkennen konnte.

Schließlich fühlte er, daß die Erscheinung abgeschlossen war. Tiefe Dankbarkeit wallte in ihm auf. Nach der vollkommenen Trance überraschte ihn der helle Tag.

Aber jetzt schnell zum Freund! Wie gern wollte er seine Erfahrung mit ihm teilen. Er war furchtbar aufgeregt, am liebsten hätte er sich auf der Stelle mit dem Abt unterhalten. Also rannte er mit schnellen Schritten den Berg hinab, verblüfft darüber, wie kräftig und verjüngt er sich fühlte. Und das nach einer langen Fastenperiode!... – das erste „Wunder" dieses denkwürdigen Morgens.

In seiner Eile stolperte er mit dem Zeh über einen Stein. Instinktiv faßte er mit der Hand danach. Zu seiner noch größeren Verblüffung hörte die große Rißwunde nach wenigen Minuten auf zu bluten. Ja, die Wunde war vollständig verheilt!... – das zweite „Wunder" des Morgens.

Am Fuß des Berges kam er an einer der typischen japanischen Imbiß-Buden vorbei, hielt an und bestellte ein komplettes Frühstück. Wer die Regeln eines längeren Fastens kennt, weiß natürlich um die Gefahren, es mit einer vollen Mahlzeit zu beenden. Das geht eigentlich nicht. Der Inhaber der Bude hatte den gleichen Gedanken. Er sah das Mönchsgewand, sah den verfilzten, ungepflegten Bart und dachte sich, daß Dr. Usui auf dem heiligen Berg gefastet und meditiert haben mußte. Deswegen empfahl er ihm, mit einer Spezialbrühe vorlieb zu nehmen. Aber Dr. Usui bestand auf seinem kompletten Frühstück und er langte auch herzhaft zu, ohne daß sich Verdauungsbeschwerden einstellten:... – das dritte „Wunder" des Morgens.

Als er über seiner Mahlzeit saß, erzählte ihm der Mann von den Zahnschmerzen seiner Enkelin; schon seit Tagen war ihr Unterkiefer dick angeschwollen. Der alte Mann war sehr arm, ein Zahnarzt in Kyoto für ihn unerschwinglich. Um so freudiger nahm er Dr. Usuis Hilfsangebot an. Als dieser seine Hände auf die Wangen des Mädchens legte, geschah das vierte Wunder, denn Schmerz und Schwellung verschwanden fast augenblicklich.

Im Kloster angekommen, traf er sofort den Abt, der in einem Arthritisanfall an heftigen Schmerzen litt. Während Dr. Usui dem Mönch also seine Erfahrung berichtete, legte er ihm die Hände auf die Schmerzstellen an den Gelenken, worauf der Schmerz sehr schnell verebbte. Der alte Abt kam aus dem Staunen nicht heraus. Dr. Usui wollte seinen Rat einholen: Was sollte er nun mit seiner neu gewonnenen Fähigkeit anstellen? Wie sie nutzen? Der Abt empfahl weiterzumeditieren. Dr. Usui jedoch entschloß sich nach einiger Diskussion, ins Bettler-Viertel von Kyoto zu ziehen, um dort Gutes zu tun. Er wollte die Bettler heilen, sie dann in den Tempel schicken, daß sie einen neuen Namen bekämen und wieder in die Gesellschaft eingegliedert werden könnten.

Und er machte sich auch gleich an die Arbeit, heilte ohne Unterschied Jung und Alt. Die Ergebnisse konnten sich sehen lassen;

viele Menschen wurden völlig wiederhergestellt. Nach etwa sieben Jahren jedoch traf Dr. Usui manches ihm bekannt vorkommende Gesicht. Besonders auf einen jungen Mann wurde er aufmerksam, und er fragte ihn: „Kenne ich dich vielleicht?" „Ja, natürlich", antwortete der. „Ich bin einer der ersten gewesen, die Sie damals geheilt haben. Ich erhielt einen neuen Namen, fand eine Arbeit und heiratete sogar. Aber es war alles ein bißchen anstrengend. Ich kam mit der Verantwortung nicht zurecht. Es ist so viel einfacher, ein Bettler zu sein."

Bald entdeckte Dr. Usui zahlreiche Fälle dieser Art. In seiner Verzweiflung weinte er. Was hatte er falsch gemacht? Wo sich so schrecklich geirrt? Sein Versäumnis ging ihm auf: er hatte vergessen, den Geheilten Verantwortungsbewußtsein zu vermitteln. Er hatte ihnen nicht gezeigt, was Dankbarkeit bedeutet und wie wichtig sie ist. Und damit begriff er, daß es nicht genügt, den Körper zu heilen: auch der Geist braucht Heilung. Er hatte die Reiki-Kraft verschenkt und anstatt Heilung zu bewirken nur die Bettlermentalität bestärkt, die er eigentlich hatte beseitigen wollen. Dr. Usui zog daraus den Schluß, daß die Reiki-Behandlung nur bei einem echten Energieaustausch wirksam sein konnte. Heilung ist sonst nicht möglich. Wer etwas bekommen hat, muß etwas dafür geben. Tut er dies nicht, verliert sein Leben an Wert.

Nach der Erfahrung im Bettler-Viertel stellte Dr. Usui die fünf Grundsätze des Reiki auf. Dann kehrte er diesem Ort den Rücken und begann, in ganz Japan zu lehren. Auch offenbarte sich ihm nun der Sinn der Symbole, die er bei seiner Vision auf dem Berg geschaut hatte. Sie sind Werkzeuge der Einstimmung, der Schlüssel zur selbstverantwortlichen Sorge um das eigene Schicksal und Wohlergehen. Und so wollte er sie fortan einsetzen: als Energieverstärker, die wie ein Stab die Schritte auf dem Weg zur Meisterung des eigenen Lebens abstützen.

Nachdem er den alten Ballast abgeworfen und seine Aufgaben neu definiert hatte, widmete sich Dr. Usui der Schulung von Reiki-Lehrern, zumeist junge Männer, die ihn auf seinen Reisen begleiteten. Kurz vor seinem Tod um die Jahrhundertwende betraute er schließlich Dr. Chujiro Hayashi, einen pensionierten Marineoffizier, der einer seiner hingebungsvollsten Schüler war, mit der Verantwortung für den Fortbestand der Reiki-Tradition. Daraufhin gründete Dr. Hayashi in Tokio die Reiki-Klinik.

1935 erschien Hawayo Takata zum ersten Mal in der Reiki-Klinik, eine junge Amerikanerin japanischer Abstammung aus Hawaii. Sie war sehr krank, litt unter einer Reihe von Organschäden, aber auch unter depressionsbedingter Energielosigkeit, die ihr seit dem Tod ihres Mannes einige Jahre zuvor zu schaffen machte. Auf einem Besuch bei ihren Eltern, die wieder nach Japan zurückgekehrt waren, hörte sie die Stimme ihres verstorbenen Gatten sie vor der geplanten Operation warnen. Sie sprach sich mit ihrem Arzt aus, äußerte ihre Vorbehalte und wurde von diesem daraufhin an die Reiki-Klinik weiterverwiesen. Dort behandelte man sie mit gutem Erfolg. Sie war bald ganz geheilt.

Nur verständlich, wenn Reiki großen Eindruck auf sie machte. So sehr war sie davon überzeugt, daß sie sich entschloß, es selbst zu lernen. Allerdings gab es da ein kleines Problem. Reiki war bisher reine Männersache gewesen, was damals bedeutete, daß die Frauen die Finger davon zu lassen hatten. Glück für Frau Takata, daß sie aus dem Barbarenland der „Gajin" stammte und „unsensibel" genug war, nach der ersten Zurückweisung nicht gleich aufzugeben. Ihre Ausdauer wurde belohnt: sie empfing die Einweihung in den ersten und zweiten Grad. Danach kehrte sie in die Vereinigten Staaten zurück und begann, mit Reiki zu behandeln. 1938 besuchte Dr. Hayashi Frau Takata mit seiner Tochter in Hawaii und weihte sie vor seiner Rückkehr nach Japan zur Reiki-Meisterin.

Wie jeder Mystiker konnte auch Dr. Hayashi in die Zukunft sehen, erkannte den sich abzeichnenden Krieg mit den Vereinigten Staaten und traf seine Vorbereitungen. Frau Takata, für seine Sorgen empfänglich, reiste spontan nach Japan, wo Dr. Hayashi sie vor der kommenden Katastrophe warnte. Er wußte bereits, wie das Gemetzel ausgehen würde, daß Japan nahezu vollkommen zerstört werden würde und viele Männer in den Kämpfen fallen müßten, und so beriet er Frau Takata über die Maßnahmen, die sie zum Schutz der Reiki-Bewegung treffen sollte. Er selbst hatte im übrigen keineswegs die Absicht, sich zur Armee einziehen zu lassen und sich am Kriegsgreuel zu beteiligen. Er würde stattdessen in eine andere Seinsform eingehen. Das hatte er bereits beschlossen.

Es kam der Tag Ende der Dreißiger Jahre, als Dr. Hayashi, in ein Festgewand gekleidet und im Beisein ausgewählter Freunde, vollbewußt seinen Körper verließ. Frau Takata blieb nur noch kurze Zeit, um bei den Begräbnisfeierlichkeiten zu helfen, und kehrte sodann nach Hawaii zurück, wo sie glücklicherweise der Internierung der Amerikaner japanischer Abstammung während des 2. Weltkriegs entging. Und dieser mutigen kleinen Dame gelang es auch in der Nachkriegszeit, während der sogenannten McCarthy-Ära, Reiki weiterzugeben, keine geringe Leistung bei der geistigen Enge jener Jahre, die einen der dunkleren Flecken in der amerikanischen Geschichte darstellen.

In den Siebziger Jahren widmete sich Frau Takata schließlich der Schulung ihrer Nachfolger. Bis zu ihrem Tod im Dezember 1980 bildete sie einundzwanzig Reiki-Lehrer aus. Heute sind es wesentlich mehr geworden, nämlich über zweihundert. Sie lehren überall auf der Welt.

Ich habe ein klares Ziel vor Augen, wenn ich die Reiki-Kraft weitergebe: Ich möchte meinen Schülerinnen und Schülern helfen, ihren physischen und feinstofflichen Körper „einzustimmen" und ihnen auf diesem Weg den Zugang zu höheren Bewußtseinsebenen eröffnen. Dies hat weitreichende Konsequenzen, denn: je mehr Menschen sich darum bemühen, die Menschheit auf eine Stufe höherer und umfassenderer Bewußtheit zu heben, desto größer werden unsere Chancen, daß die Erde als ganzes zu einer anderen, höheren Erscheinung findet. Die Einstimmung des einzelnen kann die ganze Welt anders „stimmen".

Alle Wahrheiten warten in allen Dingen.
Sie haben keine Eile, wollen nicht schnell entdeckt werden,
widersetzen sich aber keineswegs.
Eine Geburtszange brauchen sie nicht.
Sei die Wahrheit auch nur unbedeutend, mir ist sie groß
    wie jede andere.
Was ist weniger und was mehr
    als eine Berührung?

Logik und Predigten überzeugen nie,
der Dunst der Nacht aber senkt sich tiefer hinab
    in meine Seele.

Wahr ist einzig, was sich bewahrheitet
    in jedem Mann und jeder Frau.
Einzig, was keiner leugnet, ist wahr -
    ist tatsächlich, was es ist.

                  Walt Whitman

KAPITEL 3

Wie sich Reiki von anderen Heilmethoden unterscheidet

Einfachheit ist der Schlüssel zur Reiki-Kraft. Während man für andere Therapieformen bis zur Praxisreife Monate oder gar Jahre der Ausbildung braucht, läßt sich Reiki an einem einzigen Wochenende erklären und weitergeben. Das schockiert. Das ist nicht zu fassen, besonders wenn man sich immer noch nicht von der Vorstellung lösen kann, daß die Straße des Lernens über den Verstand führt und seine zeitraubenden Windungen.

Aber der Weg zur Reiki-Kraft führt nicht über den Verstand, sondern über die Einstimmungen, einen Pfad der Einweihung also, der uns Reiki den energetisch wirksamen Therapien zuordnen läßt. Da liegt auch die Besonderheit. Reiki ist ein Prozeß der Kraftübertragung, und derartige Vorgänge sind der westlichen Kultur seit dem Zeitalter der Aufklärung ja kaum mehr vertraut. Trotzdem ist dieser Prozeß erfahrbar, sehr konkret sogar. Viele Menschen haben seine Wirksamkeit bezeugt.

Schwestern, Krankenpfleger, Ärzte und Massage-Therapeuten etwa berichten fast einmütig, daß sie nach den Einstimmungen bei der Behandlung ihrer Klienten mehr Wärme aus ihren Händen ausströmen fühlen. Wer mit dem Körper zu arbeiten gewohnt ist, kann also die Folgen der Einstimmungen sofort bei der Arbeit erkennen, von den persönlichen Erlebnissen und Empfindungen bei den Einstimmungen selbst einmal ganz zu schweigen. Wer hingegen für die Botschaften des Körpers weniger sensibilisiert ist und weniger Erfahrung mitbringt, wird womöglich etwas länger brauchen, vielleicht auch eine ganze Reihe von Reiki-Behandlungen und -Eigenbehandlungen vornehmen müssen, bis sich Verän-

derungen zeigen. Im allgemeinen jedoch spüren die Menschen sofort „etwas", in welcher Form auch immer. Wer „nichts" spürt, schleppt wahrscheinlich zu viele vorgefaßte Ideen mit sich herum. Dann gibt es nur eines: in den Körper hineinlauschen, zuhören lernen. Eine erfolgreiche Behandlung ist andernfalls nicht möglich.

Deshalb lasse ich meinen Schülerinnen und Schülern ausgiebig Zeit. Sie sollen in aller Ruhe Reiki-Behandlungen üben und Erfahrungen sammeln können, damit ihr eigenes Gespür und das Feedback der anderen ihnen zeigt, daß der „Heiler" tatsächlich die verschiedensten Empfindungen, Schwingungen und intuitiven Einsichten mitbekommen kann, auch wenn der Anfänger sie nicht sogleich wahrnehmen mag. Überdies lehre ich eine Reihe von Übungen, die den Körper besser und klarer erfühlen lassen.

Übrigens hatte ich auch selbst eine Reihe von ähnlichen Erfahrungen. Es ist einige Jahre her, da war ich als Massage-Therapeutin auf einem Kreuzfahrtschiff angestellt. Der Neugierde halber ließ ich die Reiki-Kraft in meine regulären Massagen einfließen. Mit einem verblüffendem Ergebnis: in fünf Minuten hatte sich in meinen Händen mehr Hitze entwickelt als sonst nach zehn ganzen Behandlungen! Ich war einigermaßen überrascht, denn trotz meiner Vertrautheit mit recht vielen Körper-Therapien hatte ich mich bis dahin doch hauptsächlich für die Manipulation tiefer Gewebeschichten interessiert. Das war so eine Art fixe Idee. Ich war eben fest davon überzeugt, daß nur eine tief einwirkende Manipulation die körperlichen und geistig-seelischen Verhärtungen tiefgreifend auflockern könnte. Wie verdutzt war ich dann, als einige meiner Klienten mich über diese „interessante neue Energie-Form" zu befragen begannen, die ich ihren regulären Behandlungen wohl hinzugefügt hätte. Und noch mehr staunte ich über die unerwarteten Berichte von lebhaften und bedeutungsvollen Träumen, nachlassenden chronischen Schmerzen und fruchtbaren Durchbrüchen in der kreativen Arbeit. Man mußte also offensichtlich doch nicht so fest zudrücken!

Aber diese faszinierende neue energetische Methode offenbarte noch andere Besonderheiten. Jede Masseurin und jeder Masseur muß unbedingt auf seine Haltung achten, vor allem bei der Manipulation tiefer Gewebeschichten. Sie sollten die Knie leicht anwinkeln, ungefähr wie in der Ausgangsstellung der Tai Chi-Bewegungen. Da Masseurin oder Masseur die Energieströme des Klienten gewissermaßen „erden", schadet jede andere Haltung ihrer körperlichen und geistig-seelischen Harmonie. Lassen Sie mich an einem Beispiel erklären, warum: Nehmen wir an, ich helfe Ihnen eine Muskelverhärtung, vielleicht sogar einen richtigen „Knoten" an Hals oder Schulter zu lösen. Dazu leite ich Sie an, in einem bestimmten Rhythmus zu atmen, so daß Sie die in der Verhärtung gebundene Milchsäure abfließen lassen können. Während meine Hände auf der Verhärtung ruhen, strömt die sich lösende negative Energie über die Handflächen in meine Arme und von dort über den Rumpf herab bis in die Füße und schließlich in die Erde. Drücke ich jedoch meine Knie durch, wird der Abfluß der negativen Energie eben dort unterbrochen. Stattdessen kehrt die negative Energie abrupt um und schnellt in meinem Körper an genau die Stelle, an der ich sie in Ihrem Körper gelöst habe.

Zugegeben, wenn Sie bisher noch nichts über die Energieströme im Körper wissen, mag dies ein wenig geheimnisvoll, eben verdächtig nach „Esoterik" klingen. Aber probieren Sie es nur selbst einmal aus. Wenn Sie beim Massieren nur einen Augenblick nicht auf Ihre Haltung achten, werden Sie sehr schnell bemerken, wie ungeheuer real diese Energieströme sind.

All dies vorausgesetzt, verblüffte mich die Erfahrung, daß die eigene Körperhaltung für die Reiki-Behandlung offenbar völlig belanglos ist. Im ersten Kapitel habe ich bereits angedeutet, warum: „Saugt" nämlich der Klient die Reiki-Kraft spontan in sich auf, kann diese nicht plötzlich „umkippen" und in die entgegengesetzte Richtung zurückfließen. Die Energie strömt demnach stets vom Therapeuten ab, ausgenommen jener Rest, der im Solarplexus gespeichert wird und dem Therapeuten zusätzlich nutzt. Aber auch der Klient ist gegen den Zustrom negativer

Energie durch den Therapeuten gefeit, weil die Reiki-Kraft, wie Sie sich erinnern werden, immer durch die von den Einstimmungen geöffneten „sauberen" Bahnen fließt.

Ich habe Ihnen die physisch spürbaren Besonderheiten geschildert, die Reiki zu einer einzigartigen Heilkunst machen. Nun möchte ich noch einige Erfahrungen aus meinen psychologischen Forschungen und meiner psychotherapeutischen Praxis mit Ihnen teilen. Andere energetische Methoden, etwa das gewöhnliche Geistheilen, erfordern vom Therapeuten ständige Konzentration. Er muß die Energie bewußt aussenden, ihre Intensität aufrechterhalten und darf sich deswegen nie vom Klienten ablenken lassen. Reiki verlangt keine vergleichbar rigorose Anstrengung. Es ist viel einfacher: Therapeut und Klient erwecken in sich die Intention zur Heilung, der Therapeut legt die Hände auf, worauf der Klient die Reiki-Kraft „ansaugt", und zwar ganz spontan, ohne Steuerung durch den Willen. Mehr gehört nicht dazu. Und deswegen kann der Klient sich Ihnen mitteilen, ohne Sie zu stören. Wenn er das Bedürfnis hat, mag er Erinnerungen oder alte Emotionen mit Ihnen aufarbeiten. Sie können sich ohne weiteres mit ihm unterhalten und die Behandlung trotzdem fortsetzen. Allerdings empfehle ich meinen Schülerinnen und Schülern, niemals von sich aus eine Unterhaltung anzufangen, denn jedes Gespräch ist hinderlich, wenn die Aufarbeitung auf einer Ebene jenseits der Worte stattfindet, wie es zumeist geschieht.

Dies ist im übrigen für jede Therapieform ein wichtiger Gesichtspunkt. Wie häufig habe ich erlebt, daß Patienten mit immer neuen Spielarten desselben Problems zu mir kamen. Manchmal wollte mir scheinen, daß sie sich durch die verbale Formulierung nur um so tiefer in den alten Geleisen festfuhren. Je mehr sie darüber sprachen, desto tiefer grub sich „das Problem" in ihr Gehirn ein. Also löst dieser Ansatz die Schwierigkeiten nicht, er verschlimmert sie sogar. Natürlich ist ein guter Psychologe darauf geschult, auch im Gespräch negative in positive Vorstellungen zu transformieren, so daß die schädlichen Verhaltensstrukturen abgelegt werden können.

Die Reiki-Kraft hingegen wirkt noch wesentlich direkter. Sie macht die verbale Lösung entbehrlich. Man kann dies während und nach der Behandlung beobachten, am besten jedoch während der einundzwanzig Tage der Reinigung und Läuterung, die sich an die Einweihung in jeden der drei Reiki-Grade anschließen. Dann nämlich werden gestaute Emotionen an die Oberfläche gespült. Dabei entstehen möglicherweise lebhafte und sehr konkrete Erinnerungsbilder. Aber oft verschwindet die Emotion auch, ohne sich zu einer „Geschichte" zu kristallisieren, an die sich der Verstand dann klammern und die Emotion nur abermals verfestigen würde, oder die, gravierender noch, Körper, Geist und Seele so weit blockiert, daß ein Loslassen unmöglich wird.

Meinen Schülerinnen und Schülern gebe ich immer den Rat: Akzeptiert die Emotionen, nehmt sie bereitwillig hin, wenn sie unerwartet auftauchen. Dann bedankt euch bei ihnen für ihre Offenbarung und laßt sie los. Unterdrückt ihr sie nicht, sondern erkennt ihre Existenz an, werden sie recht schnell wieder verschwinden.

Aber noch etwas anderes ist zu bedenken: Nachdem Sie sich gestattet haben, verschüttete Gefühle tatsächlich zu fühlen, müssen Sie diese unbedingt loslassen, wenn Sie den nächsten Schritt tun und in größere Freiheit hineinwachsen wollen. Sehr häufig habe ich an Klienten und Patienten den Übergang aus langer Depression in heftige Wutausbrüche beobachtet. Wut schwingt schneller als Depression, hat eine höhere Schwingungsfrequenz. Man mag also, gerade dem Sumpf der Depression entkommen, diese Wutausbrüche genießen, darin schwelgen, anstatt die Energien auf einer höheren Seinsebene zum Ausdruck zu bringen. Wut ist verführerisch; ihre Dramatik stimuliert das Ich, versetzt es sozusagen in eine höhere Stimmlage.

Und sie ist ein Produkt des Gefühls, daß wir keine Kontrolle haben, daß uns die Fäden unseres Lebens entgleiten. Sie offenbart uns, daß wir es versäumt haben, für alle Geschehnisse in unserem Leben die Verantwortung zu übernehmen. Verstehen Sie bitte, daß Sie nur einstecken müssen, was Sie selbst irgendwann einmal ausgeteilt haben, daß Sie nur bekommen, was Sie selbst einmal gegeben haben. Verstehen Sie also das göttliche Gesetz von Ursache und Wirkung.

Das Leben hält Ihnen den Spiegel vor. Was auch auf Sie zukommen mag, seien Sie dankbar dafür und lassen Sie es los; es muß sich ja nicht unendlich fortsetzen. Sie sind die Schöpferin, Sie sind der Schöpfer. Diese Einsicht ist ein weiterer Schlüssel zur Reiki-Kraft, und sie lautet: Ich gestalte mein Leben, und also bin auch ich verantwortlich für die Gestalten, die mir darin begegnen. Reiki hört mit der Einführung in den ersten Grad noch längst nicht auf, denn dieser nimmt Sie ja nur in die Verantwortung, sich fortwährend selbst mit Reiki zu behandeln. Sie sind Ihre eigene Meisterin, Ihr eigener Meister. Allein das Maß Ihrer Hingabe an die Praxis bestimmt das Tempo Ihres Fortschritts. Das Gefühl heiterer Gelassenheit nach Vollendung jeder Lektion macht alles sehr lohnend.

Von höherer Warte erkennen wir die Besonderheiten der Reiki-Kraft ganz klar: Reiki will dem Menschen zu körperlichem, geistig-seelischem und spirituellem Gleichgewicht verhelfen. Mit der Reiki-Kraft machen Sie sich ein großes Geschenk. Wenn Sie sie kennenlernen, erkennen Sie auf irgend einer Ebene Ihres Seins an: „Ich bin bereit, mir selbst Kraft zu übertragen. Ja, Sie haben von Geburt an das Recht und die Kraft, die Schöpfung aktiv mitzugestalten. Mit dieser Kraft geht das Privileg der größeren Verantwortung einher – und das Gefühl größeren Einsseins mit der einen Erd-Familie.

Das Leben ist ein Hochseil-Akt:
Schnell stürtzt ab, wer dies
nur einen Augenblick vergißt.
Nari

Kapitel 4

Die Wirkungen der Reiki-Behandlung

Reiki wirkt auf jeden Menschen anders. Die Bedürfnisse des Klienten bestimmen das Ergebnis seiner Behandlung, auch wenn sie verdeckt und weitgehend unbewußt sein mögen. Aber natürlich gibt es daneben Wirkungen, die sich generell beobachten und verallgemeinern lassen; sie sind in der Abbildung auf Seite 44 übersichtlich aufgefächert.

Auch jeder Therapeut geht bei der Behandlung ein wenig anders vor, jedoch wird er sich zuerst den Schmerz- und „Problem"-Stellen am Körper sowie dem System der endokrinen Drüsen widmen (vgl. hierzu Abbildung Seite 48 am Ende dieses Kapitels). Frau Takata hat ein gültiges Behandlungsschema für dieses wichtige Drüsensystem überliefert, das den Hormonhaushalt des Körpers reguliert. Nach Anschauung der Schulmedizin steuern sogenannte Neurotransmitter (Übertragungsstoffe in den Nervenbahnen) die Funktion der endokrinen Drüsen. Das Gehirn ist die Schaltzentrale zwischen Körper und Nervensystem; über die Neurotransmitter reguliert es die Hormonausschüttung und damit das Gleichgewicht des Stoffwechsels (Homöostase). Auf der feinstofflichen Ebene entsprechen die sieben Hauptchakren den endokrinen Drüsen (vgl. hierzu die Lage der endokrinen Drüsen im Körper auf der Abbildung am Kapitelende auf Seite 48 mit der Lage der Chakren in der Abbildung auf Seite 111). Das endokrine System funktioniert also wie eine Relaisstation: einerseits führt es den feinstofflichen Energiezentren Kraft zu, andererseits führt es die feinstofflichen Energien der Chakren in den Körper zurück. Auf gewisse Weise sind am Ende alle Strukturen aller Ebenen vernetzt.

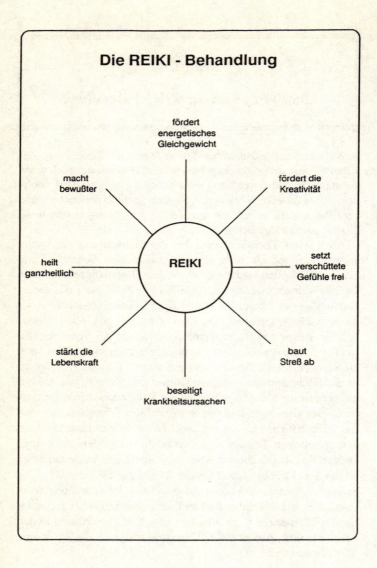

Zur Erklärung dieser Wechselwirkung bietet uns Dr. William A. Tiller, Professor an der Stanford Universität in Kalifornien, und seit langen Jahren in der ökologischen Grundlagenforschung tätig, ein neues Denkmodell an. Medizin, Biologie und Agronomie haben sich die Wechselwirkungen der Strukturebenen in lebenden Organismen bisher mit der folgenden Reaktionskette zu erklären versucht:

Ebene der Funktion<——>Ebene der Struktur<——>Ebene des chemischen Aufbaus<——>Ebene der eletromagnetischen Energie.

Nach diesem Denkmodell können nur die jeweils benachbarten Strukturebenen einander beeinflussen. Das heißt, man erklärt sich Funktionsstörungen als strukturale Defekte, die aus einem Ungleichgewicht in der chemischen Zusammensetzung erwachsen sein mögen. Deswegen begünstigt dieses Denkmodell vor allem die Behandlung über die Ebene des chemischen Aufbaus: man ändert einfach die chemische Zusammensetzung (beim Menschen mit Medikamenten, in der Landwirtschaft mit Kunstdüngern oder Pestiziden), um die Struktur so zu verändern, daß eine reibungslosere oder ertragreichere Funktion garantiert ist.

Dieser Ansatz ist nur bis zu einem gewissen Grad erfolgreich. Dann zerstört er sich selbst, denn Mensch und Pflanze gewöhnen sich an den chemischen Fremdling, so daß er immer weniger Wirkung zeigt. An diesem Punkt erhöht man gewöhnlich die Dosierung. Wohin das führt, kann sich jeder leicht vorstellen: Der Organismus nimmt immer mehr chemische Fremdstoffe auf, die sich nicht mehr darauf beschränken, die gestörte Funktion zu entstören, sondern nun ihrerseits beginnen, andere Funktionen zu beeinträchtigen, oft mit vernichtenden Folgen. „Iatrogene Krankheiten" sind uns inzwischen durchaus ein Begriff und sie beschränken sich keineswegs auf „ärztliche Kunstfehler". Glücklicherweise sehen auch viele Ärzte die Gefahr und beschäftigen sich zunehmend mit präventiven Methoden. Übrigens erweisen sich Eingriffe in die Reaktionskette nicht nur auf der Ebene des chemischen Aufbaus als zerstörerisch. Wir können auch großen Schaden anrichten, wenn wir auf der Ebene der elektromagnetischen Energie ansetzen, wie die Nebenwirkungen der Röntgenstrahlen zeigen.

Diese ganze Reaktionskette stellt Dr. Tiller nun in Frage und erweitert sie; er hält es für möglich, Funktionsstörungen über energetische Prozesse zu beheben, die physischer oder nicht-physischer Natur sein mögen. Das gibt es ja auch schon, zum Beispiel in der Osteopathie, die Funktionsstörungen über physische Manipulationen (einen „energetischen Prozeß physischer Natur") wirksam behandelt. Aber Dr. Tiller bezieht darüber hinaus eine Reihe wenig bekannter Daten aus den letzten zwei Jahrhunderten über „nicht-physische energetische Prozesse" in seine Betrachtung ein, die die Beschränktheit der Reaktionskette noch verdeutlichen. Dr. Tiller schlägt daher vor, das alte Denkmodell zu überarbeiten und einem multidimensionalen Verständnis der Wirklichkeit anzupassen, dem seine Reaktionskette Rechnung trägt:

Ebene der Funktion<——>Ebene der Struktur<——>Ebene des chemischen Aufbaus<——>Ebene positiv geladener Raum Zeit-Energien<——>Ebene negativ geladener Raum Zeit-Energien<——>Ebene geistig-seelischer Dynamiken (Psyche)<——>Ebene des spirituellen Seins (GEIST)<——>Ebene des göttlichen SEINS.

Er definiert den physischen Körper als positiv geladene Raum Zeit-Energien und den Äther-Körper als negativ geladene Raum Zeit-Energien, um ihre Verwandtschaft und Wechselwirkung schon in der Begriffsbildung hervorzuheben; ihr Vorzeichen beschreibt dabei ihren Zustand: Masse und Energie.

In dieser erweiterten Reaktionskette ist die Interaktion nicht auf die jeweils benachbarten Ebenen beschränkt, sondern es können die höheren Ebenen unmittelbar auf die Ebene der Struktur und der Funktion Einfluß nehmen. Dr. Tiller gibt einige Beispiele: bei der Hypnose wirkt die Psyche unmittelbar auf die Ebene der Struktur ein; in der Psychiatrie macht man sich die Wechselwirkung zwischen Psyche und chemischem Aufbau zunutze, und zwar in beiden Richtungen; in der praktischen Übung wirken Zen, Yoga und Aikido von der Ebene der geistig-seelischen Dynamiken unmittelbar auf Struktur und Funktion. Dr. Tiller faßt zusammen:

Unsere Gedanken führen ganz natürlich zu einem neuen Heilbegriff. Die neue Sichtweise verdeutlicht, daß der pathologische Verfall auf einer Reihe von Wirklichkeitsebenen eintreten kann und daß deswegen eine Heilung aller dieser Ebenen notwenig ist, wenn das Gesamtsystem harmonisiert werden soll. Der pathologische Verfall setzt in der Psyche ein und schlägt dann auf die negativ und positiv geladenen Raum Zeit-Ebenen durch...

Dr. Tiller schließt daraus, daß man dem Menschen am besten hilft, wenn der pathologische Verfall durch eine „Anleitung zum richtigen Denken" auf der Ebene seiner Verursachung aufgehoben wird. Der nächstbeste Zugang zur Heilung erfolgt über die Ebene der negativ geladenen Raum Zeit-Energien (den Äther-Körper), während die Heilung des physischen Körpers (die positiv geladenen Raum Zeit-Energien) nur die drittbeste Möglichkeit darstellt, auch wenn die heutige Medizin sich zumeist darauf beschränkt.

Da Reiki über die Wechselwirkung zwischen Chakren und endokrinen Drüsen operiert, bedient es sich der Verbindung zwischen feinstofflichem und physischem Körper. Darüber hinaus lernen wir im zweiten Reiki-Grad mit den geistig-seelischen Komponenten der Krankheit umzugehen, so daß wir gleich auf der Ebene der Verursachung gegensteuern können.

Ich würde das Denkmodell von Dr. Tiller allerdings noch einen Schritt weiterführen und sagen, daß sich auf der Ebene der geistig-seelischen Dynamiken nur deshalb die Wurzeln der Krankheit festsetzen können, weil Geist und Seele nicht mehr harmonisch mit den Ebenen des spirituellen und göttlichen Seins übereinstimmen. Die Reiki-Kraft jedoch bezieht die physische, feinstoffliche und psychische Ebene in die Heilung ein.

In Verbindung mit den Eigenbehandlungen empfehle ich

Die endokrinen Drüsen

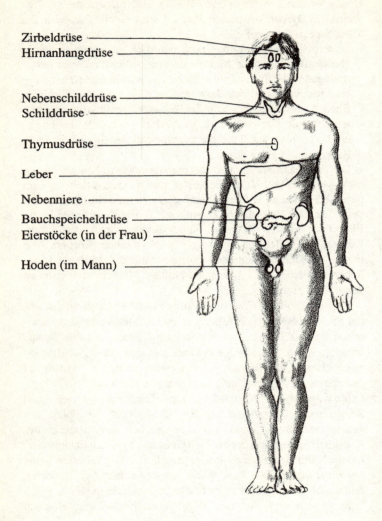

Zirbeldrüse
Hirnanhangdrüse

Nebenschilddrüse
Schilddrüse

Thymusdrüse

Leber

Nebenniere

Bauchspeicheldrüse
Eierstöcke (in der Frau)

Hoden (im Mann)

meinen Schülerinnen und Schülern die Affirmationen aus Louise Hayes Buch *Heile Deinen Körper**, die spezifisch auf viele Formen von Krankheit und seelischem Unbehagen eingehen. Da uns diese Affirmationen umkonditionieren, helfen sie uns auch, uns von den seelischen Krankheitsursachen zu lösen. Mit der Lösung der in den Energieblockaden eingefrorenen Energien zielt Reiki ebenfalls auf die Ebene der Krankheitsursachen.

*siehe Literaturhinweise. Anm. d. Übers.

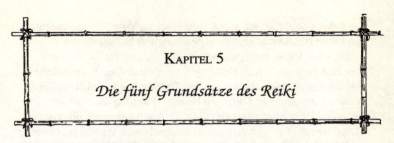

KAPITEL 5

Die fünf Grundsätze des Reiki

Dr. Usui stellte die fünf Grundsätze des Reiki auf, kurz nachdem er das Bettler-Viertel in Kyoto verlassen hatte, wo er einen tiefen Einblick in die menschliche Natur gewonnen hatte. Sieben Jahre zuvor hatte er begonnen, jeden Bettler und jede Bettlerin kostenlos zu heilen, in der Hoffnung, sie würden sich wieder in die Gesellschaft eingliedern. Dann mußte er beobachten, daß viele an diesem Versuch scheiterten, weil sie mit ihren täglichen Pflichten nicht fertig wurden, und er begriff, wie wichtig die eigene Mitwirkung für die Heilung ist.

Erste Voraussetzung ist der Wunsch nach Gesundheit: der Kranke muß die Heilung wirklich wollen. Dann muß er darum bitten. Nur so wird sich sein Leben verändern. Sollte ein anderer ihm bei dieser Heilung helfen, wird ein Energieaustausch zwischen den beiden unerläßlich. Wer geheilt wird, muß etwas dafür geben, in welcher Form auch immer. Dr. Usui hatte in dieser Hinsicht eine bittere Erfahrung gemacht. Anstatt ihnen zu nutzen, hatten seine kostenlosen Heilungen die meisten Bettler nur in ihrer Bettlermentalität bestärkt. Die Schlußfolgerung: wenn wir etwas bekommen haben, müssen wir etwas dafür geben. Tun wir dies nicht, verlieren wir sehr leicht alle Relationen in unseren menschlichen Beziehungen und zudem unser inneres Gleichgewicht.

Damit hatte Dr. Usui die zwei Grundlagen jeder Heilung erkannt: Bitte um Heilung und Energieaustausch. Es kann nicht Aufgabe des Heilers sein, ungebeten zu heilen; und er darf seine Energie nicht geben, ohne daß Energie zu ihm zurückfließt. Das wäre falsch, denn er würde dem Geheilten das Gefühl vermitteln, daß er für den erwiesenen Dienst etwas schuldig geblieben ist.

Und das wiederum ist ungesund. Uneingelöste Verpflichtungen sind eine Belastung. Der Energieaustausch befreit davon.

Dr. Usui lernte auch, wie wichtig es für den Heiler ist, nicht an den Ergebnissen seiner Heilungen zu haften. Durchaus möglich, daß einige Bettler ihr Leben im Bettler-Viertel voll ausleben mußten, um gewisse Dinge zu lernen. Wer mag letztlich beurteilen, ob dies schlecht ist oder falsch? Auch bei einer physischen Krankheit dürfen wir uns fragen, ob der Kranke sie sich nicht vielleicht unbewußt zugelegt hat, weil er etwas Wichtiges lernen möchte. Mag sein, daß er zu diesem Zweck sogar sterben will. Der Heiler wird seine Kompetenzen überschreiten, wenn er ungebeten in die Entwicklung eingreift. Mit einer „verfrühten Heilung" mischt er sich in ein Menschenleben ein, ohne um dessen tiefere Intentionen und Gesetzmäßigkeiten zu wissen.

Wie eine Offenbarung ging Dr. Usui die Einsicht auf, daß seine wertvolle Gabe nicht dazu bestimmt sein konnte, „die ganze Welt gesund zu machen". Vielmehr beinhaltete sie die Aufgabe, dem einzelnen Wege zur Selbstheilung aufzuzeigen. Aber: Was gehört zu einem solchen Weg? Was zeichnet ihn aus?

Richtlinien. Orientierungshilfen. Grundsätze, die unser Verständnis für die Zusammenhänge unseres Lebens vertiefen und uns zu größerer Verantwortung für seine weitere Entwicklung befähigen. So verstand Dr. Usui schließlich, warum die großen Religionen sich auf die Heilung der spirituellen Ebene des menschlichen Daseins konzentrieren. In tieferem Sinn schien ihm jede Krankheit aus dem Bruch zwischen der universalen spirituellen und der individuellen geistig-seelischen Ebene zu entstehen. Und diesen Bruch können wir nur heilen, wenn wir unsere Einstellung verändern, wenn wir anders denken lernen. Denn: Gedanken sind die Wirklichkeit der Zukunft. Die hermetische Wissenschaft betrachtet alle Erscheinungen als geistgeschaffen. Daraus folgt: Was wir projizieren, werden wir sein. Sind es ausschließlich Gedanken der Liebe und Dankbarkeit, so erschaffen wir uns ein reiches Leben voller Liebe.

Die Erfahrungen im Bettler-Viertel hatten alle diese Überlegungen in Dr. Usui reifen lassen. Er hatte dort viele Menschen kommen und gehen gesehen; eine große Zahl war wieder in die alten Gewohnheiten zurückgefallen. Deswegen konnte er unmöglich bleiben und weitermachen wie bisher. Er mußte stattdessen Menschen finden, die sich wirklich verändern wollten, die auf eine echte Transformation vorbereitet waren. Hatte Christus nicht gesagt: „Ihr sollt die Perlen nicht vor die Säue werfen." Wie gut Dr. Usui diese Maxime inzwischen verstand! Es ging nicht an, wertvolle Zeit und Energie zu verschwenden. Es ist vollkommen unsinnig, Kenntnisse und Kraft mit Menschen zu teilen, die weder daran interessiert noch darauf vorbereitet sind.

Dr. Usuis fünf Grundsätze des Reiki sind aus dem natürlichen Fluß der Lebenskraft gewachsen. Wer in solchem Fluß lebt, wird seinen Lebensstil darin wiederfinden. Umgekehrt helfen sie uns, diesen natürlichen Fluß für uns zu entdecken. Denn: Du wirst sein, was deine Gedanken jetzt vorgeben.

> *Wie menschlich von mir, daß ich die*
> *Fülle und die Quellen meines Reichtums*
> *in ihren äußeren Erscheinungsformen*
> *suche. Menschlich, aber doch ein*
> *Irrtum. Mangel und Begrenzung*
> *werden ihn korrigieren, bis ich begreife,*
> *daß nicht ich es bin, der etwas tut. Die*
> *Gnade ist es. Allem wohnt sie inne.*
> *Allein durch sie kommen die äußeren*
> *Erscheinungen in freudiger Fülle zu*
> *harmonischem SEIN. Mühelos.*
> *Nari*

Erster Grundsatz:
Gerade heute will ich dankbar sein.

Dankbarkeit schenkt unserem Leben Fülle. Sie schließt nicht nur ein, was uns bereits gegeben wurde, sondern die Gewißheit, den festen Glauben, daß wir immer alles bekommen werden, was wir brauchen. Solche Dankbarkeit macht das Leben voll und rund. Leben wir in ihrem Geist, beginnen wir die Fülle geradezu magisch anzuziehen.

Einzig der Geist des Mangels, das Bewußtsein, es wird uns ständig etwas fehlen, hindert uns daran, daß wir freudig annehmen, was uns zusteht, was uns schon immer gehört. Der Geist des Mangels hat seine Wurzeln im kollektiven Unbewußten und in unserer Konditionierung.

Die religiösen und philosophischen Systeme des Altertums teilen sich als gemeinsame Wurzel eine Vorstellung: Es ist alles bereits da und es ist immer genug. Sie lehren, daß wir Gott verstehen, wenn wir nur erst uns selbst begreifen, daß wir Furcht in Liebe, Unwissenheit in Weisheit und Mangel in Fülle umwandeln können, wenn wir nur tief in uns selbst hineinfühlen. Die *Nag Hammadi*-Schriften, eine Sammlung von Evangelien, 1945 in Ägypten entdeckt und älter als die Evangelien des Neuen Testaments, zitieren Jesus mit den Worten: „Was du vor dir siehst, das wirst du werden." Also wird fortwährenden Mangel leiden, wer nur an das denkt, was er noch nicht hat. Sind wir uns hingegen der unbegrenzten Fülle unserer Welt bewußt und obendrein dankbar dafür, werden wir in immer größerer Fülle leben. Auf unserem Planeten fehlt es an nichts. Allerdings liegt die Verteilung seit langem im Argen,... weil wir Mangel sehen, wo im Grunde kein Mangel ist. Natürlich, auch die menschliche Gier spielt eine Rolle. Aber ist nicht die Angst vor dem Mangel ihr Grund? – Das Gefühl des Ungenügens macht uns arm und verewigt den Mangel.

Wenn wir wahrhaft dankbar sind, wissen wir im Innersten unseres Herzens, daß alle Trennungen und Teilungen nur wie ein

Schleier der Täuschung die grundlegende Einheit des SEINS verdecken. Dieser täuschende Schleier trübt unsere Sicht, sobald uns die Kraft fehlt, die ursprüngliche Fülle freudig anzunehmen, die unser Geburtsrecht ist. Wer sich „unwert" fühlt für die Gaben und Schätze des Universums, schneidet sich im selben Augenblick von der Fülle des Universums ab, die an sich auch seine eigene ist.

Zahllose Menschen leiden heute an der Trennung vom Absoluten, das sich in allen Daseinserscheinungen verkörpert. Die Trennung vom Absoluten aber verursacht Schuldgefühle, die selbst jene noch von Erfolg und Wohlstand fernhalten, die nach den Gesetzen der universalen Harmonie zu leben trachten. Die Wurzeln sind individuell, im einzelnen angelegt. In den meisten Fällen sind die Kanäle unterentwickelt und gelähmt, durch welche Überfluß und Harmonie normalerweise fließen würden. Dagegen gibt es nur ein Mittel: Wir müssen die universale Lebenskraft einsetzen, um die Kanäle für den Fluß ihrer Funktionen zu öffnen. Ist dies geschehen, stellen sich Erfolg und Wohlstand ein. Den Menschen bleibt er nur aus einem Grund versagt: sie verschließen sich ihm, harmonieren nicht mit der universalen Fülle.

Die hermetische Wissenschaft lehrt eine einfache Übung zur Rückbindung an die Lebenskraft der Welt:

Stehen Sie drei bis fünf Minuten mit gespreizten Beinen locker und entspannt aufrecht. Dabei atmen Sie ganz natürlich, ganz sanft und strecken die Arme in Schulterhöhe von sich zur Seite. Die Handflächen sind geöffnet, die linke Handfläche ist nach oben, die rechte nach unten gekehrt.

Bei dieser Übung treten die Magnetströme der Erde durch die linke Hand in Sie ein, fließen durch Herz und Solarplexus und laden Ihren Körper energetisch auf, während die überschüssige Energie Sie durch die rechte Handfläche verläßt. Am Morgen fühlen Sie sich nach dieser Übung wie aufgeladen, am Abend wohlig entspannt. Nach den Einstimmungen in die Reiki-Kraft können Sie sich selbst behandeln und mit einer noch weitaus stärkeren Spielart dieser Energie beglücken.

Nach der Berührung mit der universalen Lebensenergie und dem untrüglichen Gefühl, daß sie Ihren Körper durchpulst, ist die Zeit reif für ein neues Lebensgefühl, ein neues Selbstbild: Sehen Sie sich erfolgreich, wohlhabend und in allen Lebensbereichen befriedigt. Dann kann die Lebensenergie die Kanäle in Ihrem inneren Selbst immer weiter öffnen und offen halten für den Strom der universalen Lebensenergie, deren magnetische Kraft Sie mit allem verbindet, was Sie sich wünschen mögen.

Der nächste Schritt ist die konstruktive Bemühung um Ihr Ziel. Affirmationen für Erfolg und Wohlstand werden letztlich wirkungslos bleiben, wenn Sie sich darauf beschränken, sie sich einzureden, nach dem Motto: es wird schon werden, denn es ist ja alles gut. Die Lebensenergie, die das Leben trägt, muß auch die Affirmationen tragen, und zwar in aktivem Bemühen. Sie müssen handeln, sie müssen tun, was die Affirmationen vorgeben, andernfalls führen diese keinen Schritt weiter. Wenn Sie jedoch aktiv werden, wird die magnetische Kraft der Lebensenergie und Ihres konstruktiven Bemühens Ihr Leben mit größerer Fülle beschenken. Wir brauchen eine gewisse Disziplin. Ohne sie können wir die alten Verhaltensmuster weder auflösen noch in einen glückbringenden Fluß umwandeln. Bemühen wir uns also stets bewußt um Dankbarkeit: Sie ist der Magnet, der die Fülle anzieht. Mit zusätzlichen Eigenbehandlungen weichen Sie die negativen Strukturen auf, die sich im Unbewußten festgesetzt haben und dort den Fluß von Reichtum und Fülle blockieren. Beginnen Sie jetzt. Leben Sie die Fülle Ihres SEINS. Leben Sie gerade heute in Dankbarkeit.

Wer zuhören kann,
geht der Antwort
den halben Weg entgegen.
Nari

Zweiter Grundsatz:
Gerade heute will ich mich nicht sorgen.

Wenn wir uns sorgen, vergessen wir, daß allen Erscheinungen und Ereignissen ein göttlicher, universaler Sinn innewohnt. Wir haben getan, was wir tun können, wenn wir uns der Führung unseres göttlichen Selbst anvertrauen und uns im Rahmen unserer Möglichkeiten ernsthaft und ehrlich einsetzen; der Rest liegt bei der universalen Lebenskraft. Sorgen zeigen, daß wir uns von dem lebensbejahenden „Ich-Bin" der universalen Ganzheit abgespalten haben; sie sind eine schlechte Angewohnheit, ein Muster, das sich, wer weiß, wann, in uns festgesetzt hat.

Wir brauchen uns über die Vergangenheit nicht mehr den Kopf zu zerbrechen, denn das ist zwecklos. Denken Sie daran, daß jeder Mensch, uns selbst eingeschlossen, im Grunde immer sein bestes tut: er tut, was seine Kenntnis und seine Lebenserfahrung ihm im Moment zu tun gestatten. Wir sind alle das Produkt unserer Konditionierung und handeln nach ihren Vorgaben. Schuldgefühle ändern daran nichts. Nur Bewußtheit hilft.

Bedauern Sie Dinge, die Sie getan haben, dann begreifen Sie bitte zuerst, daß Sie in jenem Augenblick vielleicht nicht anders handeln konnten. Als nächstes dürfen Sie sogar dankbar sein für das Geschehen, denn Sie haben daraus gelernt. Lassen Sie die Sache am besten ruhen und machen es besser. Diese Erkenntnis und Lebensmaxime bedeutet, daß auch jedes Unrecht, das ein anderer Ihnen in der Vergangenheit angetan haben mag, sich aus s e i n e r Konditionierung erklärt. Wir können nur hoffen, daß auch er etwas daraus gelernt hat und ihm für die Zukunft alles Gute wünschen.

Ebenso zwecklos ist es, sich über die Zukunft zu sorgen. Ich selbst lebe nach dem Grundsatz: „Erwarte das Beste vom Leben, und wenn Dir überraschend etwas weniger Schönes passiert, so wisse und vertraue darauf, daß es für Dich im Moment wohl das Beste ist." Wenn es im Augenblick auch negativ erscheint, ist es doch nur eine Gelegenheit zu lernen. Und: Sie haben selbst dazu beigetragen. Es mag unbewußt geschehen sein, aber Sie haben die Situation mitgeschaffen, weil Sie daraus lernen wollen. Bedanken Sie sich also dafür, daß sie tatsächlich eingetreten ist. Nun sind Sie frei. Halten Sie sich nicht länger damit auf. Gehen Sie weiter.

Vertrauen Sie sich Ihrem höheren Selbst an und lassen Sie die Finger vom Zeitplan des Lebens; am besten Sie mischen sich nicht ein. Freuen Sie sich stattdessen, denn im vollendeten Fluß Ihrer Energien geschieht alles in perfekter Harmonie und Synchronizität. Vorausgesetzt, Sie haben sich im Rahmen Ihrer Möglichkeiten wahrhaftig bemüht, ist das übrige in besten Händen.

Irrationale und unlogische Strukturen aus unverarbeiteten vergangenen Erfahrungen sind die Quelle unserer Sorgen, und diese trennen uns noch weiter von allumfassender Bewußtheit; sie spalten das Bewußtsein von den tieferen Schichten der Psyche.

Vertrauen Sie sich noch heute dem Lebensplan an, den Ihr höheres Selbst für Sie bereithält und sagen Sie Ihren Sorgen ade.

Dritter Grundsatz:
Gerade heute will ich nicht zürnen.

Ärger, Wut, Zorn, Haß – alle sind sie eigentlich vollkommen überflüssig. Wie die meisten unangemessenen reaktiven Emotionen entspringen sie unserem Schuldgefühl, begründet in unserer Abspaltung von allumfassender Bewußtheit, in der alle Schichten des Bewußtseins zum kosmischen Bewußtsein integriert sind.

Mit Ärger und Wut zeigen wir, daß wir am liebsten alles „im Griff" haben, alles „kontrollieren" möchten. Dies um so mehr, weil wir die Kontrolle ja verloren haben, indem wir aus dem harmonischen Gleichklang mit unserem göttlichen und universalen Lebenssinn herausgefallen sind.

Viele Menschen gehen häufig in die Irre. Sie lassen das Ich ihr Leben bestimmen und ignorieren obendrein die innere Stimme, die sie gern zu einem harmonischeren und fließenderen Dasein führen möchte. Wir machen einen Fehler, wenn wir Wünsche und Erwartungen unser Ich dominieren lassen. Kummer ist dann unausweichlich.

In der Gewalt der Erwartung zürnen wir leicht dem, der unsere Bedürfnisse mißachtet und die Erfüllung unserer Wünsche vereitelt. Wir sehen nicht mehr, daß er uns den Spiegel vorhält, wahrscheinlich, ohne es zu wissen. Jeder Gedanke wird zur Ursache; ihre Folgen mögen sich einstellen, wenn wir am wenigsten damit rechnen. Jede Situation in unserem Leben spiegelt die Ursachen und Wirkungen, die wir selbst geschaffen haben.

Sie sind nicht wirklich wütend über den Kerl oder die gräßliche Frau, die wissen, wo sie Sie reizen und an Ihren Schwachstellen packen können; Sie sind wütend auf sich, daß Sie selbst nicht klar sehen. Auch der oder die andere ist in die Situation hereingezogen, um zu lernen. Sie ziehen sich gegenseitig an, weil Sie voneinander lernen wollen.

Carlos Castaneda gibt uns ein gutes Beispiel: er spricht positiv über die „kleinen Tyrannen", die ihm das Leben schwermachen. Sie zeigen uns, wo das Ich ein Opfer seiner Schwächen wird. Bei der Beobachtung unserer Reaktionen auf andere Menschen können wir unsere seelischen Sperren entdecken und somit den ersten Schritt zu ihrer Transformation tun; wir können die negativen Muster aufweichen und umwandeln. Gurdjieff empfiehlt folgende Methode:

Ein Mensch versetzt Sie in Wut. Anstatt sich dem Ausbruch hinzugeben, halten Sie die Emotion an und sehen, wie Sie darauf reagieren.

Mit der Zeit werden Sie auf diesem Weg Ihre Emotionen meistern. Deswegen dürfen Sie für jede Gelegenheit dankbar sein, die Ihre Schwächen aufdeckt. Sie können nur daraus lernen. Sie können nur darüber hinauswachsen.

Ein Hinweis zum Schluß: Schämen Sie sich Ihrer Wut nicht. Fühlen Sie sich nicht schuldig, wenn Sie sich ärgern. Alle Stufen der Wut, von der Gereiztheit bis zum Haß, sind uns über viele Generationen einprogrammiert worden. Wir werden uns deswegen fast zwangsläufig reizen lassen, wann immer ein anderer mit seiner Wut über uns herfällt. Überdies sind wir seit langem die Sklaven unserer Erwartung. Deswegen nehmen wir es sehr persönlich, wenn die Dinge nicht unseren Wünschen gemäß laufen. Unsere Gefühle werden verletzt. Verletzte Gefühle aber verleiten uns leicht dazu, wütend um uns zu schlagen, und sei es nur mit Worten.

Wir müssen unsere Emotionen sich entladen lassen und dürfen keine Wut einbehalten, wenn wir „die alte Platte" neu bespielen wollen. Dies muß nicht unbedingt eruptiv geschehen. Wir können unsere Reaktionen steuern, vielleicht auch etwas abmildern und mit ruhigen Worten sagen, was wir bei verletzenden Worten oder Taten empfinden. Sagen jedoch müssen wir es. Wenn der andere darauf lärmend mit noch größerer Wut antwortet, sollten wir uns klugerweise zurückziehen und Kraft tanken, anstatt es ihm mit gleicher Münze heimzuzahlen. Am besten begegnen wir den kleinen und größeren Dramen des Alltags, indem wir nicht auf sie eingehen, sondern selbst Strahlen der Liebe aussenden. Wer will wütend auf Sie sein, wenn Sie gerade natürlich und in sich ruhend lächeln? Ihr Lächeln kann ansteckend sein.

Wut wirkt disharmonisch. Letztlich macht sie auch körperlich krank. Wir tun uns selbst den größten Gefallen, wenn wir lernen, die in der Wut eingefrorene Energie durch den konstruktiven Umgang mit ihr einzuschmelzen und umzuwandeln.

Gerade heute zürne nicht. Was auch geschieht, sei dankbar und nimm es an.

Wir selbst erschaffen die Drachen,
die uns quälen.
Nari

Vierter Grundsatz:
Gerade heute will ich redlich arbeiten.

Wir müssen ehrlich zu uns sein, wenn wir in natürlichem Fluß leben wollen. Solche Ehrlichkeit bedeutet, daß wir in allen Dingen und Ereignissen der Wahrheit ins Auge sehen. Viele Menschen jedoch leben im Schemenreich ihrer Vorstellungen: sie nehmen die Wirklichkeit nicht wahr.

Wir können in die größten Schwierigkeiten und inneren Konflikte geraten, wenn wir uns die Wahrheit nicht eingestehen und dann mit den Konsequenzen unserer Verdrängung konfrontiert werden. Natürlich, auf unserer Welt gibt es Wahrheiten, die manchmal schwer zu verdauen sind. Dann hilft eigentlich nur, daß wir tief in uns hineinschauen, unser Verhalten prüfen und entdecken, welche Aufgabe ein Mensch oder ein Ereignis für unser Leben erfüllen mag. Mit dieser Einstellung werden wir bald allem und allen mitempfindend begegnen, auch uns selbst.

Mit der Wahrheit leben heißt, sich der Führung des höheren Selbst anvertrauen. Wenn wir mit der Wahrheit leben, wird das Dasein einfach; es ist kein komplizierter Irrgarten mehr, in dem wir ständig gefährdet sind, uns zu verlaufen. Wir sehen klarer, was das Leben uns lehren möchte – und lernen es müheloser. Ein Leben der Täuschung ist komplizierter. Dann müssen wir immer irgend etwas leugnen und abstreiten. Um uns vor der Wahrheit zu schützen, verlaufen wir uns so gründlich im Irrgarten der „Darstellungen" und „Gegendarstellungen", daß wir kaum noch aus ihm herausfinden werden.

Selbst ehrlich, wecken Sie auch in anderen Ehrlichkeit. Wie leicht es dann ist, andere so zu behandeln, wie man selbst gern behandelt werden möchte. Wer redlich arbeitet, sich redlich bemüht, begegnet seinem höheren Selbst offen und ehrlich. Zur Wahrheit gesellt sich stärkend die Liebe für sich selbst und andere und führt das Leben zur Harmonie.

Leben Sie also wahrhaftig und lassen sie sich von der Liebe beleben. Gerade heute wollen Sie redlich arbeiten.

Fünfter Grundsatz:
Gerade heute will ich alle Wesen lieben und achten.

Wir stammen alle aus derselben Quelle. Alle Lebensformen hängen voneinander ab und bedingen sich gegenseitig. Die zerstörerischen Umwälzungen der letzten Zeit auf unserem Planeten, geschehen aus der Fühllosigkeit des Menschen für das feine ökologische Gleichgewicht, haben uns für diese Wahrheit wohl endgültig die Augen geöffnet. Wir entdecken, daß wir die Natur nicht selbstsüchtig beherrschen und ausbeuten dürfen, wenn wir selbst überleben wollen. Wir müssen lernen, alle Wesen zu lieben und zu achten. Und in diesem Geist müssen wir ihnen auch tatsächlich begegnen.

Aus der Physik wissen wir, daß wir eine kollektive Energie aus gleicher Quelle sind. Undurchlässige, isolierte Materie, wo soll es die geben in einem Universum verschiedener Schwingungsebenen! Alle materiellen Formen haben ihre eigene Schwingungsfrequenz und sind gleichzeitig miteinander verbunden, weil es zwischen ihnen keine undurchlässigen Schranken gibt.

Nehmen wir alle Aspekte unseres Daseins freudig an, strahlt diese Freude auf alle anderen Wesen und Dinge aus. Man sieht uns an, wenn wir andere offen akzeptieren. Auch wir sind dann offen. Ob sie uns selbst oder anderen zuströmt: positive Energie heilt den Planeten. Jeder Mensch, jedes Tier, jede Pflanze und jedes Mineral ist Teil des Ganzen. Wenn wir alle Wesen lieben und achten, lieben wir uns selbst und Mutter Erde.

Die Grundsätze der Reiki-Kraft

Gerade heute will ich dankbar sein.

Gerade heute will ich mich nicht sorgen.

Gerade heute will ich nicht zürnen.

Gerade heute will ich redlich arbeiten.

*Gerade heute will ich alle Wesen
lieben und achten.*

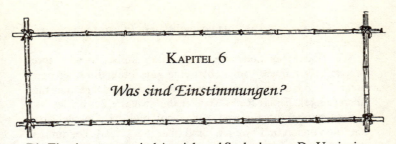

KAPITEL 6

Was sind Einstimmungen?

Die Einstimmungen sind Antrieb und Seele der von Dr. Usui wiederentdeckten Methode des natürlichen Heilens. Reiki ist das japanische Wort für die universale Lebenskraft, die uns von Geburt an mitgegeben ist. Jeder kann einem anderen Menschen die Hand auflegen und magnetische Lebenskraft übertragen. Jedoch verfügt nur Reiki über die Einstimmungen, die wir am besten als eine Folge von Einweihungen betrachten. Dabei überträgt die Reiki-Meisterin oder der Reiki-Meister mit Hilfe einer alten tibetischen Bewußtseinstechnik Energie auf den Schüler. Diese Energie öffnet die Schülerin oder den Schüler für die kosmische Energie. Sie strömt am Kopf in den Körper ein, fließt durch die oberen Energiezentren und strahlt an den Händen für zukünftige Behandlungen aus dem Körper aus. Überdies erhöhen die Einstimmungen die Schwingungsfrequenz des Körpers und lösen damit zwangsläufig einundzwanzig Tage der inneren Reinigung und Läuterung aus, denn die höhere Energieschwingung bricht automatisch negative Strukturen und Blockaden auf; diese müssen nun ausgeschieden werden.

Die Einstimmungen sind deutlich spürbare, präzise Vorgänge. Nur ein in Dr. Usuis Methoden geschulter Reiki-Meister kann sie weitergeben. Es gibt auf der Welt im Augenblick zwei Hauptschulen des Reiki: Die *Reiki-Alliance* und die *American International Reiki Association (A.I.R.A.)*. Phyllis Lei Furamoto, die Enkelin von Frau Takata, leitet die *Reiki-Alliance*, der mehrere persönliche Schülerinnen und Schüler von Frau Takata angehören. Die *American International Reiki Association* steht unter der Leitung von Dr. Barbara Weber Ray. Die Reiki-Meisterinnen und -Meister beider Gruppen sind befugt und qualifiziert, Einstimmungen weiterzugeben.

Wie finden Sie unter diesen nun Ihre Meisterin oder Ihren Meister? Wie überall im Leben eine gute Freundin oder einen guten Freund: Sie müssen sich spontan verstehen. Der Funke muß überspringen. Einige Reiki-Meister sind, wie ich, aus beiden Vereinigungen hervorgegangen. Kate Nani, meine Reiki-Meisterin, hat ihren ersten und zweiten Grad über die *A.I.R.A.* bekommen, den dritten Grad aber über die *Reiki-Alliance*. Die meisten Reiki-Lehrer geben an vielen Orten auf der Welt Informationsabende. Wenn Sie eine Einführung in die Reiki-Kraft erwägen, sollten Sie einige dieser Vorträge besuchen, um die Lehrerin oder den Lehrer zu finden, die zu Ihnen passen. Alle Lehrer sind qualifiziert, und doch hat jeder seinen persönlichen Stil, setzt den Schwerpunkt ein wenig anders. Finden Sie also einen, bei dem „die Wellenlänge stimmt", mit dem Sie sich gleich auf Anhieb verstehen.

Ich erkläre meinen Schülerinnen und Schülern stets, daß die Einstimmungen auf jeden ein wenig anders wirken. Jeder Mensch bringt eine andere Schwingungsfrequenz mit, die die Energie der Einstimmungen natürlich nur ihren Möglichkeiten gemäß aufnehmen und integrieren kann. Die Einstimmungen werden Sie rasch in einer Art „Quantensprung" auf eine Ebene höherer Bewußtheit heben, wenn Sie bereits an sich gearbeitet, Ihre Bewußtheit geschult und infolgedessen eine höhere Schwingungsfrequenz erreicht haben. Haben Sie dies nicht getan, bewirkt die Kraft der Einstimmungen zwar immer noch eine Art "Quantensprung", aber er zeigt sich in anderer Gestalt, denn die Energie der Kraftübertragung wirkt und erweitert sich immer in Relation zu der Energie, die Sie bereits mitbringen. Das Wunderbare an Reiki ist, daß Sie den von Einstimmungen ausgelösten qualitativen Sprung von Schwingungsfrequenz und Heilkraft eigenständig fortsetzen und steigern können. Sie müssen dazu nur täglich Eigenbehandlungen vornehmen und, wann immer möglich, andere Menschen mit der Reiki-Kraft behandeln.

Die Einstimmungen zum ersten Grad öffnen hauptsächlich den

physischen Körper, so daß Sie mehr Lebenskraft aufnehmen und durch sich hindurchströmen lassen können. Insgesamt umfaßt die Einführung in den ersten Grad vier Kraftübertragungen, die die Schwingungsfrequenz der vier oberen Energiezentren anheben.

Die erste Einweihung stimmt auf der physischen Ebene Herz und Thymusdrüse ein, während sie auf der Ebene des Äther-Körpers das Herzchakra harmonisiert. Die zweite Einstimmung wirkt auf die Schilddrüse; auf der Ebene des Äther-Körpers fördert sie die Öffnung des Kehlchakra, das unser „Kommunikationszentrum" ist. Die dritte Einweihung beeinflußt neben dem sogenannten Dritten Auge, das der Hypophyse oder Hirnanhangdrüse entspricht (unser Zentrum des höheren Bewußtseins und der Intuition) auch den Boden des Zwischenhirns (Hypothalamus), der unsere Körpertemperatur und Stimmungen steuert. Schließlich öffnet die vierte Einstimmung das Scheitelchakra (das Bindeglied zum spirituellen SEIN) und seine physiologische Entsprechung, die Zirbeldrüse. Sie beschließt mit der letzten Bestätigung der Existenz des Reiki-Kanals die Kraftübertragung.

Damit können Sie für den Rest Ihres Lebens die Reiki-Kraft weitergeben; wenn Sie einmal auf sie eingestimmt sind, können Sie sie niemals mehr verlieren. Selbst nach mehreren Jahren Unterbrechung können Sie die Reiki-Kraft sofort wieder einsetzen, wann immer Sie möchten. Sie bleibt Ihnen in jedem Augenblick Ihres Lebens zugänglich.

Die Einweihung in den zweiten Grad wirkt noch einschneidender. Der „Quantensprung" in der Erhöhung der Schwingungsfrequenz ist vier Mal stärker als bei den Einstimmungen zum ersten Grad. Auch werden nun die drei Symbole aktiviert, die wir bei der Fernheilung einsetzen. Wenn im ersten Grad der physische Körper transformiert wurde, passen die Kraftübertragungen des zweiten Grades den Äther-Körper neuen Schwingungsebenen an. Überdies schärfen sie unsere Intuition, denn sie beeinflussen das Stirnchakra oder Dritte Auge.

Häufig fühlen die Teilnehmer bald nach der Einweihung in den zweiten Grad und vor allem während den sich anschließenden 21

Tagen der Reinigung und Läuterung einen Energieschub im Wurzelchakra. Kein Wunder, denn ihr Sexual- und Überlebenszentrum wurde kräftig stimuliert und die Kundalinikraft ein wenig mehr geweckt. Ich empfehle meinen Schülerinnen und Schülern an diesem Punkt einige Übungen und Techniken, die einen Teil dieser kraftvollen Energie transformieren helfen, so daß sie den Chakren der Intuition und des spirituellen Bewußtseins zufließt und somit unsere Bewußtheit erweitert.

Die Einstimmung in den dritten Grad macht uns zur Meisterin oder zum Meister. Sie erhöht die Schwingungsfrequenz noch weiter und aktiviert das Meister-Symbol. Damit sind wir befähigt, andere anzuleiten; wir können ihnen den Weg zeigen und öffnen, über den sie sich selbst die Reiki-Kraft zuführen können.

Das ist ein wichtiger Gesichtspunkt. Wir müssen begreifen, daß der Wunsch nach einer Einstimmung unsere eigene, ganz persönliche Angelegenheit ist. Der Reiki-Meister hat keinerlei Verfügungsgewalt über seine Schülerinnen und Schüler. Ein Reiki-Meister ist einfach ein Mensch, der sich für sein Leben verantwortlich fühlt, weil er erkannt hat, daß er selbst der Meister seines Schicksals ist. Als Mitschöpfer mit dem Absoluten akzeptiert er bereitwillig die Wirkungen der Ursachen, die er selbst geschaffen hat.

Hauptmerkmal der Reiki-Meisterin oder des -Meisters ist also das Verantwortungsgefühl für das eigene Leben. Auf dieser Grundlage kann er mit Hilfe der empfangenen Kraftübertragungen andere Menschen über alte tibetische Bewußtseinstechniken so weit öffnen, daß sie sich selbst Kraft übertragen können.

Die Einstimmungen des Reiki sind ein seltenes, ja einmaliges Geschenk: sie lassen uns unser wahres Wesen erleben. Wir mögen es auch jetzt schon undeutlich spüren und in Momenten gesteigerter Bewußtheit für einen Augenblick blitzartig wahrnehmen. Reiki aber verleiht dieser Bewußtheit Kontinuität. Und zudem wird unsere Bewußtheit sich durch unsere regelmäßigen Eigenbehandlungen vertiefen und erweitern.

Mit dem Entschluß, den Weg der Reiki-Einweihungen bis zu

seinem Ende zu folgen, setzen Sie eine tiefgreifende Entwicklung in Gang: Sie führen Ihre Bewußtheit zu ihrer natürlichen Intensität und werden über eine Zeit der Reinigung und Läuterung alte Denk- und Verhaltensstrukturen abstoßen. Mit dem Beginn der Einstimmungen unternehmen Sie den ersten entscheidenden Schritt: Sie werden erkennen, daß Sie selbst der Meister Ihres Schicksals sind.

*Der Wind der Unendlichkeit weht
durch Herz, Körper und Seele,
schenkt mir den Atem
des Neubeginns.*
        Nari

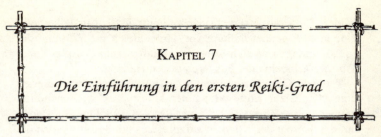

KAPITEL 7

Die Einführung in den ersten Reiki-Grad

Warum mag es überhaupt verschiedene Reiki-Grade geben? – So lautet gewöhnlich eine der ersten Fragen, die bei der Einführung in den ersten Reiki-Grad gestellt werden. Zu Dr. Usuis Zeiten reisten die Schüler mit ihm durch Japan, und er führte sie nach und nach in die verschiedenen Ebenen der Reiki-Kraft ein, bis auch sie Reiki lehren konnten. Heute muß die Aufteilung der Einstimmungen in verschiedene Grade dieselbe Aufgabe erfüllen; sie erleichtert die Weitergabe der verschiedenen Stufen der Energieverstärkung.

Zu beachten ist, daß man der Schülerin oder dem Schüler jeweils genügend Zeit läßt, sich in die höhere Schwingungsintensität seines Grades einzuleben und ihre Anwendungsmöglichkeiten zu meistern. Die Einführung in den ersten Reiki-Grad verleiht in Form der vier Einweihungen eine Einstimmung in die Reiki-Kraft, die niemals mehr rückgängig gemacht werden kann. Die Einweihungen passen die Schwingungen der Schülerin oder des Schülers der Schwingungsfrequenz der Reiki-Kraft an, so daß mehr Energie durch ihren Körper strömen kann. Auch die feinstoffliche Ebene wird auf die Reiki-Kraft eingestimmt.

Reiki ist äußerst einfach, seine Anwendung leicht zu erlernen. Sozusagen ein Kinderspiel ohne große intellektuelle Leistung. Wir dürfen dies wörtlich verstehen: auch Kinder können in zwei Tagen Reiki lernen. Die Einführung findet gewöhnlich an einem Wochenende in vier jeweils etwa vierstündigen Sitzungen statt. Am Anfang steht eine kurze Darstellung des geschichtlichen Hintergrundes der Reiki-Kraft, und man lehrt die grundlegenden Handstellungen für die Eigenbehandlung. Es folgen die ersten beiden Einstimmungen. Danach nimmt jeder Kursteilnehmer eine erste Eigenbehandlung vor, um sogleich die Wirkung der Einstimmungen an sich selbst zu erfahren, zum Beispiel durch Wärme, Kribbeln oder Pulsieren in den Händen.

Wenn die Gruppe zum zweiten Mal zusammenkommt, lernt sie eine Übung zur Entwicklung der kinesthätischen Sensibilität kennen und erfährt, wie bei einer Reiki-Behandlung die Hände auf den Körper des Klienten aufzulegen sind. Sofort werden die Unterschiede spürbar, denn jeder Mensch zieht eine andere Menge Energie ein. Darüber hinaus erhält jeder Schüler die Gelegenheit, sich von der ganzen Gruppe behandeln zu lassen.

Die dritte Sitzung beginnt mit den abschließenden Einstimmungen des ersten Grades. Danach findet sich die Gruppe zu einer Diskussion zusammen. Wir tauschen unsere Erfahrungen aus und schildern die Gefühle, die die Einstimmungen in uns ausgelöst haben. Bei dieser Gelegenheit rate ich den Teilnehmern gewöhnlich, die nächsten einundzwanzig Tage intensiv Tagebuch zu führen. Wenn wir die zu beobachtenden Veränderungen schriftlich festhalten, werden wir immer überprüfen können, daß die Reiki-Kraft tatsächlich reinigt, läutert und heilt. Außerdem ermuntere ich die Schülerinnen und Schüler, sich von nun an jeden Abend nochmals das Geschehen des Tages zu vergegenwärtigen. Diese Besinnungsübung ist wichtig. Sie hilft uns, bewußter zu werden und erzieht uns zur Eigenverantwortlichkeit.

Ist uns eigentlich klar, daß wir jeden Tag vierundzwanzig Stunden lang quasi wie hypnotisiert oder in Trance durch unser Leben laufen? Eine provozierende Frage. Aber mir ist es ernst damit.

Unter Hypnose verstehen wir gewöhnlich ein Hilfsmittel der psychotherapeutischen Behandlung; sie lenkt das Bewußtsein des Klienten in bestimmte Bahnen oder jeweils nur auf einen Punkt und führt zum Verlust des peripherischen Sehvermögens. Unter Hypnose wird der Mensch wahrhaft ein-sichtig.

Was aber hypnotisiert uns in unseren Wachstunden und engt unsere Sicht ein? Unsere Konditionierungen. Zwar ist unser

Blickfeld im Alltag wesentlich weiter als unter der therapeutischen Hypnose, aber es ist keineswegs umfassend, denn die alten Muster und Verhaltensstrukturen stülpen sich unserer Aufmerksamkeit auf wie ein Filter, der uns für vieles blind macht. Ein typisches Beispiel ist das Verhältnis zu unseren Arbeitskollegen: Wir kennen ihre Eigenheiten und wissen, worüber wir uns mit ihnen unterhalten können. In unserem Gehirn ist die „alte Platte" gespeichert, wir rufen sie ab und wiederholen immer wieder dieselben Szenen, die sich irgendwann einmal als ganz nett, jedenfalls einigermaßen erträglich erwiesen haben. Damit aber begegnen wir dem Leben nicht direkt, sondern lassen immer wieder die „alte Platte" abspielen, die alten Reaktionen sich wiederholen. Jesus hat uns aufgefordert, „wie die Kinder zu werden". Und damit wollte er uns sagen, daß wir jeden Tag frisch und unvoreingenommen auf das Leben zugehen sollen. Das müssen wir wieder lernen: Unmittelbares Erleben, unbeeinflußt von Anschauungen und eingespielten Reaktionen. Warum? Weil wir das Geschehen falsch auffassen und interpretieren, wenn wir es durch den Filter der Anschauungen und nicht unmittelbar erleben.

Für die meisten Erwachsenen stellt es eine riesige Herausforderung dar, wieder „wie ein Kind zu sein". Wir müssen uns anstrengen, bewußt und diszipliniert sein, wenn wir aus alten Reaktionsmustern und Verhaltensstrukturen ausbrechen wollen. Das heißt, wir müssen wirklich bereit dazu sein, beobachten, wie wir uns jeden Tag verhalten, uns fragen, was wir tun oder getan haben und was wir in Zukunft besser machen können. Mit welchen alten Gewohnheiten müssen wir brechen? Mit einigen, sicher nicht mit allen. Einige sind bestimmt positiv, gute Manieren etwa. Vielleicht müssen wir uns auch gar nicht vollkommen ummodeln, „eine ganz andere" oder „ein ganz anderer" werden. Vielleicht haben wir bereits den wichtigsten Schritt getan, wenn wir unsere guten Seiten durch Bewußtheit beleben, indem wir in all unserem Tun „wirklich bei der Sache sind".

Nett von uns, wenn wir einen Fremden, flüchtigen Bekannten oder Freund gewohnheitsmäßig grüßen. Aber noch wesentlich netter wäre es, wenn wir ihm dabei in die Augen schauen, ihn tatsächlich wahrnehmen und unsere Verbundenheit zeigen. Versuchen Sie es einmal. Sie werden sich viel frischer fühlen, echter und lebendiger,... und der andere natürlich auch.

Oder gehen Sie bei Ihrem Versuch noch einen Schritt weiter:

Schlendern Sie einmal durch eine menschenüberfüllte Straße und senden ganz bewußt Schwingungen der Liebe aus. Sie werden den Unterschied spüren: Es i s t ein anderes Lebensgefühl. Auch bleibt Ihre bewußte Bemühung um ein solches Erwachen nicht ergebnislos. Ihre Umwelt nimmt davon Notiz und Anteil, gewissermaßen wie durch Osmose.

Sie werden die Wellen der Dankbarkeit spüren, nicht etwa in bildlichem oder übertragenem Sinne, sondern ganz konkret. Mit der Zeit fällt Ihnen der Anstoß zu unmittelbarer Bewußtheit immer leichter. Die Bewußtheit trägt sich selbst und erweitert und intensiviert sich obendrein.

Es gibt Hilfsmittel, die den Strom der Bewußtheit kräftigen und Sie zunehmend in seinen Fluß einbeziehen. Ein einfacher Einstieg ist die Erinnerung.

Lassen Sie am Abend den Tag einfach noch einmal vor Ihrem inneren Auge Revue passieren. Schauen Sie ihn sich in aller Ruhe an: Wie sind Sie Ihren Mitmenschen begegnet? Wie haben Sie sich in jeder Situation verhalten? Was meinen Sie selbst dazu? Was war richtig? Was hätte sich besser anders abgespielt? Woran erinnern Sie sich besonders gut?

Sie werden feststellen, daß Sie sich vor allem an Begebenheiten gut erinnern, die Sie bewußt erlebt haben, und diese Besinnungsübung wird Ihnen helfen, sich über Ihre Erinnerung zunehmend bewußt zu verhalten. Mit der Zeit werden Sie dann wahrnehmen, wie Sie sich ständig selbst beobachten. Und noch ein wenig später werden Sie dann einschreiten, wann immer Sie sich bei einer gewohnheitsmäßigen Reaktion in einer an sich neuen Begegnung beobachten.

Am besten behandeln Sie sich bei Ihrer abendlichen Besinnungsübung selbst mit der Reiki-Kraft. Sie werden damit die eingefahrenen Verhaltensmuster noch tiefgreifender aufweichen, loslassen und Ihre geistig-seelischen Energien harmonisieren. Überdies werden Sie wahrscheinlich konstatieren, daß Sie plötzlich zahlreiche verschüttete Gefühle aufarbeiten, denn diese sind in den Verhaltensmustern eingefroren gewesen.

Bei der Einführung in den ersten Reiki-Grad spreche ich gewöhnlich auch die Krisen an, die eine Heilung begleiten können, und über ihre Ursachen und Auflösung.

Wer auch immer von Ihnen mit der Reiki-Kraft behandelt werden möchte, bitten Sie ihn, sich zu drei Behandlungen bereit zu erklären, die an drei aufeinander folgenden Tagen stattfinden sollten.

Dies hat einen Grund: die Reiki-Kraft schlägt erst nach etwa drei Tagen von der physischen auf die feinstoffliche und umgekehrt von der feinstofflichen auf die physische Ebene durch. Da sich zwischen physischen und feinstofflichen Körper also ein Verzögerungsmoment schiebt, ist es wünschenswert, die Behandlung über den Zeitraum dieser Verzögerung zu erstrecken.

Mag sein, daß sich der Klient in den ersten zwei bis drei Tagen schlechter fühlt und über stärkere Schmerzen klagt, vor allem wenn die Krankheit akut ist. Im Laufe des dritten Tages scheint sich der Schmerz dann schnell zu verflüchtigen. Sagen Sie dem Klienten deswegen einfach, daß er sich zuerst vielleicht kränker fühlen wird als vor der Behandlung, diese Symptome jedoch bald verschwinden werden.

Unmittelbar lindernd wirkt die Reiki-Kraft hingegen auf chronische Leiden wie etwa Arthritis. Behandeln Sie eine chronische Krankheit über einen längeren Zeitraum mit Reiki, wird es dem Klienten wahrscheinlich über Tage und Wochen Schritt für Schritt besser gehen. Wenn überhaupt, tritt die Krise bei dieser Art von Fällen zumeist erst nach einigen Wochen der Behandlung ein. Auch dies hat seinen Grund: die krankheitsverursachenden Giftstoffe werden bis auf ein letztes „Bollwerk" allmählich aus dem Körper des Klienten ausgeschieden. Die letzten Rudimente, eben das „Bollwerk" sind dann schwerer auszuscheiden; sie scheinen sich regelrecht an den Körper zu klammern.

Deswegen mag der Klient in diesem Stadium der letzten Mobilisierung der Toxine (d.h. ihre Lösung aus dem Fettgewebe, Überführung ins Blut und Ausscheidung durch den Stoffwechsel) die Krankheit deutlicher spüren als je zuvor. Dann müssen Sie ihn über den Sachverhalt aufklären und ihm sagen, daß die Symptome nur Begleiterscheinungen sind und auf das Ausstoßen der letzten Giftstoffe deuten. Auch sollten Sie ihn in diesem Stadium zusätzlich mit der Reiki-Kraft behandeln, um die Entwicklung weiter zu beschleunigen.

Bei chronischen Krankheiten würde ich im übrigen nicht auf die zu erwartende Heilkrise hinweisen. Dann produziert der Klient sie nur wie einen umgekehrten Plazebo-Effekt, und man weiß nicht mehr, was tatsächlich geschieht. Sollte es jedoch zur Krise kommen, sind Sie vorgewarnt und wissen, wie Sie sich verhalten müssen: Sie klären den Klienten auf, daß seine Reaktion ganz normal ist, und zerstreuen seine Ängste. Anders bei allen akuten Krankheiten: Da warnen Sie den Klienten in jedem Fall vor den möglicherweise heftigen Reaktionen auf die Mobilisierung der Toxine, weil sie sich fast immer einstellen.

Es versteht sich von selbst, daß Sie Ihren Klienten bei einer akuten, heftigen Krise sofort zum Arzt oder Heilpraktiker schikken. Ihre Reiki-Behandlungen werden dann den Heilungsprozeß der ärztlichen Behandlung zusätzlich unterstützen und beschleunigen, denn der Klient zieht von Ihnen ja stets so viel Reiki-Energie ein, wie er für eine schnelle Besserung seines Zustandes braucht. Der chronisch Kranke wird sich ohnehin zumeist bereits in ärztlicher Behandlung befinden, und Ihre Reiki-Behandlungen werden ihm zusätzlich helfen, die seit langem im Körper angestauten Giftstoffe schnell auszuscheiden.

Wie lange dies dauert, läßt sich allerdings nicht allgemeingültig vorausberechnen. Wir wissen nicht, wann genau die Reiki-Kraft bei akuten und chronischen Krankheiten anschlägt, denn jeder Mensch ist anders und reagiert infolgedessen auch anders darauf. Ohnehin heilt sich jeder im Grunde selbst. Die Heilung hängt deswegen von jedem einzelnen ab.

Die Reiki-Kanäle sind nicht mehr als ein Gefäß. Daraus zieht der Klient die Energiemenge, die er für das energetische Gleichgewicht auf allen Ebenen seines Daseins benötigt. Wir dürfen uns nicht an die Ergebnisse unserer Heilversuche klammern, dürfen nicht emotional daran haften. Und ebensowenig dürfen wir über andere urteilen. Jeder Mensch nimmt sich die Energie, die er braucht. Überdies sind die Ergebnisse der Behandlung mit der Reiki-Kraft nicht immer direkt sichtbar. Zwar ist jede Krankheit ein Unglück, aber dieses Unglück kann dem Klienten durchaus gelegen kommen, so daß er für die endgültige Heilung auf der physischen Ebene noch gar nicht bereit ist.

Wir beginnen das vierte Zusammentreffen der Gruppe bei der Einführung in den ersten Reiki-Grad grundsätzlich mit einer Partner-Übung: Jede Teilnehmerin und jeder Teilnehmer empfangen und geben eine einstündige Reiki-Behandlung. Eine solche Ganzkörperbehandlung schärft die Wahrnehmung für die verschiedenen Hitzemengen, die jede Körperpartie auf sich zieht. Da zusätzlich jeder Mensch andere Anlagen und Bedürfnisse mitbringt, variiert der „Energiehunger" der verschiedenen Körperpartien von Mensch zu Mensch sehr stark.

Im Anschluß widmen wir uns wieder der Gruppenbehandlung, bis jede Teilnehmerin und jeder Teilnehmer einmal von der ganzen Gruppe mit der Reiki-Kraft behandelt worden ist. Schließlich gehen wir auf Fragen ein, die am Ende des Kurses noch offen sein mögen. Dann gibt es die Zertifikate für den ersten Reiki-Grad, und ich ermutige die Gruppe, sich auch weiterhin zu Gruppenbehandlungen zu treffen und ihre Erfahrungen miteinander auszutauschen.

Für mich war bisher jeder Einführungskurs ein besonderes Erlebnis, ganz einfach weil jeder Mensch etwas besonderes ist und seine besondere Energie mit der Gruppe teilt. Keiner kann ihn ersetzen, keiner sein wie er. Kein Wunder also, wenn es am Ende des Kurses häufig schwer fällt, wirklich zum Ende zu kommen.

77

Die individuelle Erfahrung und Entwicklung und das Gefühl in der Gemeinschaft waren so schön, daß man sich gar nicht davon trennen mag. Wenn wir uns gegenseitig helfen und unsere Energien gegenseitig verstärken, teilen wir einen unermeßlichen Schatz miteinander. Wir spüren plötzlich staunend, wer wir sind.

Sie selbst werden intuitiv genau spüren, wann es für Sie an der Zeit ist, an einer Einführung in den ersten Reiki-Grad teilzunehmen.

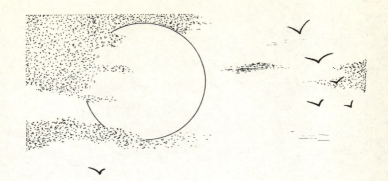

Ich bin Wind, See und Segel. Ich bin das Schiff...
und für jede Böe der Himmel, wolkendurchzogenes Blau.
Alles bin ich, stark und wahr,
setze meine Segel auf zu neuen Ländern.
Alles bin ich:
das göttliche Selbst im Menschen.
                        Nari

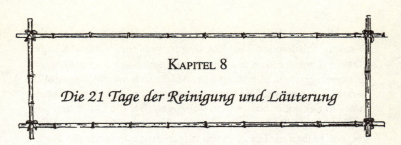

Kapitel 8
Die 21 Tage der Reinigung und Läuterung

Ganz gleich, welchen Reiki-Grad Sie empfangen haben mögen, es schließen sich immer einundzwanzig Tage der Reinigung an, eine Zeit der körperlichen und geistig-seelischen Entschlackung. Was geschieht? Die Einstimmungen erhöhen die Schwingungsfrequenz Ihres physischen und feinstofflichen Körpers. Damit spülen sie negative Energien an die Oberfläche, die nun freigesetzt werden.

Aus der Physik wissen wir, daß es im Grunde nichts Festes gibt. Da alle Erscheinungen sich aus verschieden schwingenden Energien zusammensetzen, haben sie ihre ganz eigene Schwingungsfrequenz. Selbst Felsen und Mineralien sind Energie, allerdings mit sehr niedriger Schwingungsfrequenz.

Dieses Bild nun können wir auf unseren physischen und geistig-seelischen Zustand übertragen: Alle Energiestaus und emotionsbestimmten und verfestigten Verhaltensmuster schwingen langsamer als positive Gefühle – Liebe, Freude, Begeisterung. Jeder Gedanke der Liebe erhöht unsere Schwingungsfrequenz und lagert sich in unserem Sein als schneller schwingendes Energiepaket ab.

Daraus aber folgt, daß jeder geistige Weg und jede spirituelle Schulung uns „höher schwingen lassen", einfach weil sie grundsätzlich die positiven Seiten des Daseins betonen. Sie kulminieren zu einer Art Schneeballeffekt. Sehr bald merken wir dann, wie viel leichter und natürlicher der Zustand des Fließens ist als Stokkung und Stau.

Die Reiki-Einstimmungen erhöhen unsere Schwingungsfrequenz recht plötzlich und einschneidend. Sie beschleunigen auf diese Weise die Auflösung unserer Energieblockaden, die mit den feineren Vibrationen der Einstimmungen nicht mitschwingen können. Damit setzen die Einstimmungen auch Emotionen und Erinnerungen frei, allerdings nur so viele, wie wir im Augenblick verarbeiten können. Die Einstimmungen sind eine Kraftübertragung, in Sekundenbruchteilen vollzogen. Bis die von ihnen ausgelöste Umstellung der Schwingungsfrequenz abgeschlossen ist, vergeht jedoch einige Zeit. Im allgemeinen braucht die Reiki-Kraft für die Umstellung eines Chakra etwa drei Tage; bei sieben Hauptchakren würde der gesamte Vorgang also einundzwanzig Tage dauern. Auch wenn die Öffnung des Reiki-Kanals zwischen Herz- und Scheitelchakra geschieht, sind die unteren Energiezentren gleichermaßen wichtig und werden ebenfalls auf die Reiki-Kraft eingestellt.

Die Reinigung und Läuterung des psychophysischen Systems mag sich zeigen in Träumen, „seltsamen Stimmungen", Veränderungen im Gefühlsleben und in physischen Symptomen. Giftstoffe scheiden aus, und vielleicht legen Sie eine alte Gewohnheit ab oder finden plötzlich keinen Geschmack mehr an einem Essen, das Sie früher immer sehr gern mochten. Das sind natürlich nur ein paar Beispiele; auf den verschiedenen Ebenen des physischen und feinstofflichen Körpers kann sich viel ändern.

Kann sein, daß sich einige Reaktionen zuerst recht unangenehm anfühlen. Wir brauchen uns darüber nicht zu wundern, denn sie sind Begleiterscheinungen, die sich bei der Ausstoßung negativer Energien nicht vermeiden lassen. Sagen Sie einfach „Ja" zu jeder Erfahrung, akzeptieren Sie sie und haften Sie nicht mit zu vielen Sorgen und Ängsten daran. Dann werden die unangenehmen Reaktionen ganz von allein verschwinden.

Ich empfehle meinen Schülerinnen und Schülern, in dieser Zeit ausführlich Tagebuch zu führen. Wirklich, es lohnt sich, die Veränderungen und Erfahrungen während dieser Zeit aufzuschreiben. Sie können die Entwicklung noch durch Autosuggestion verstärken. Sagen Sie sich dazu vor dem Einschlafen immer wieder:

„Ich werde mich morgen früh an meine Träume erinnern." Dann legen Sie Ihr Tagebuch griffbereit neben das Bett.

Nach einer Woche werden Sie sich besser an Ihre Träume erinnern. Da Träume Ihnen den Zugang zum Unbewußten öffnen, werden Sie nun zunehmend bewußt. Anfangs kommen Ihnen Ihre Träume vielleicht bizarr, unklar und unsinnig vor. Verfolgen Sie sie über einen gewissen Zeitraum, bis Sie die Struktur der Träume begreifen. Wenn Sie das Muster erkennen, erkennen Sie auch die Botschaft.

Überdies sollten Sie sich während dieser Zeit abends vor dem Einschlafen und am Morgen nach der Aufzeichnung Ihrer Träume selbst mit der Reiki-Kraft behandeln. Regelmäßige Eigenbehandlung auch über die Periode der Reinigung und Läuterung hinaus wird Ihrem Wachstum einen größeren Schub geben und Ihre Energien weiter verfeinern. Sie lassen unerwünschte emotionsbedingte Fixierungen und Vorstellungen los, spüren, wie das Gefühl der Dankbarkeit in Ihr Leben einströmt, es von innen bereichert, so daß Sie überall die Fülle des SEINS wahrnehmen. Und in dieser Fülle leben Sie, in allen Bereichen Ihres Daseins.

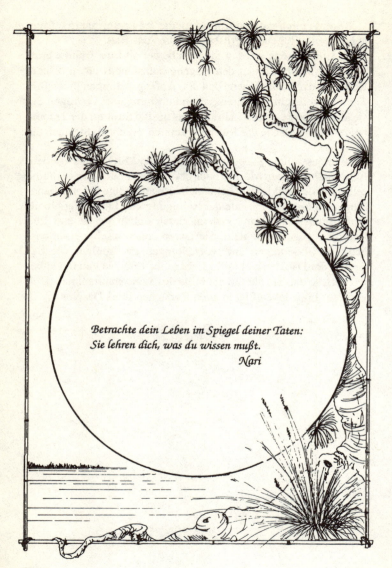

*Betrachte dein Leben im Spiegel deiner Taten:
Sie lehren dich, was du wissen mußt.*
Nari

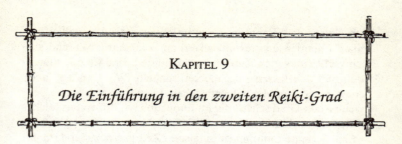

KAPITEL 9

Die Einführung in den zweiten Reiki-Grad

Mit der Einführung in den zweiten Reiki-Grad können wir uns auf die höheren Schwingungsebenen der Reiki-Kraft einstimmen. In ihren Einweihungen stimmen wir uns überdies auf die Schlüssel oder Symbole ein, die uns zur Fernheilung und zur Heilung der geistig-seelischen Wurzeln aller Schwierigkeiten befähigen.

Da der zweite Reiki-Grad mit der Erschließung einer neuen Ebene der Energie die Schwingungsfrequenz im physischen und Äther-Körper erhöht, fügen sich wie beim ersten Reiki-Grad einundzwanzig Tage der Reinigung und Läuterung an; unser Körper und unsere Energiezentren müssen sich auf noch subtilere Schwingungen einstellen. Außerdem lernen wir bei der Einführung neue Techniken und Hilfsmittel kennen, die Wachstum und innere Entwicklung fördern.

Die Einstimmungen des ersten und des zweiten Reiki-Grades unterscheiden sich qualitativ. Der erste Grad hebt die Energie des physischen Körpers auf eine neue Ebene, so daß sie die Reiki-Kraft aufnehmen und weiterleiten kann wie ein sauberer Kanal. Die Einstimmungen des zweiten Grades wirken hingegen unmittelbar auf den Äther- oder Bioplasma-Körper ein und stimulieren vornehmlich das Energiezentrum der Intuition in der Nähe der Hirnanhangdrüse.

Die hermetische Wissenschaft erkennt in der Hirnanhangdrüse oder Hypophyse das Sende- und Empfangsgerät für telepathische Botschaften. Das heißt, die Hypophyse wirkt wie eine äußerst empfindliche Antenne. In Indien kennt man sie als „Auge Shivas", im Westen vor allem als „Drittes Auge".

Nach den Einstimmungen in den zweiten Reiki-Grad scheinen

sich die aus dem Zentrum der Intuition austretenden wellenförmigen Energien unserer Gedanken zu verändern. Während sie sich vorher in weiten Kreisen verflüchtigten, sind sie nun klarer konturiert und lassen sich leichter bündeln. Wir „senden" und „empfangen" auf der telepathischen Ebene besser. Kurz: der zweite Reiki-Grad schärft die Intuition, und wir öffnen uns leichter ihren Botschaften.

Eine gesunde Intuition ist in unserer Zeit geradezu lebensnotwendig. Warum? – Sie ist der Mund des höheren Selbst.

Wir haben die Wahl: wir können gesund und richtig leben, mit Mensch und Welt in harmonischem Fluß. Dazu müssen wir nur auf die Stimme unseres höheren Selbst hören und ihr folgen. Dann findet unser Leben zu seinem natürlichen Rhythmus. Was wir auch tun, wir tun es im richtigen Augenblick. Das höhere Selbst weiß alles. Raum und Zeit begrenzen es nicht. Es braucht weder Verstand noch Logik. Intuition gebietet über allumfassendes Wissen, weil sie Vergangenheit, Gegenwart und Zukunft und damit Ursache und Wirkung umfängt. Unsere Intuition führt uns immer zu einem positiven Ergebnis, selbst wenn sie den Schlußfolgerungen des Verstandes auch gelegentlich zu widersprechen scheint.

Für die Weiterentwicklung unserer Intuition müssen wir lernen, zwischen den Wünschen zu unterscheiden, die die Massenkultur uns einpflanzt, und jenen anderen, dem höheren Selbst entspringenden. Die Stimme der Intuition weckt Frieden und Harmonie in uns, auch in einer scheinbar widersprüchlichen und disharmonischen Lage. Unangemessene Wünsche hingegen werfen uns in den Strudel der Rastlosigkeit. Deswegen hören wir besser auf die Stimme von Frieden und Weisheit als auf die herrischen Forderungen unangemessener Wünsche. Das eine schenkt uns Harmonie, das andere macht uns letztlich unzufrieden.

Je mehr Sie auf Ihre Intuition hören, desto mehr entwickelt sie sich auch. Mit einiger Übung werden Sie sich dann leichter der Führung Ihres höheren Selbst anvertrauen können. Sie glauben an sich. Ihre Weisheit vertieft und weitet sich. Der zweite Reiki-

Grad gibt Ihrem sechsten Sinn einen kräftigen Schubs, und regelmäßige Eigenbehandlung wird Ihre Intuition zur Blüte führen.

Bei der Einführung in den zweiten Grad erhalten Sie drei Schlüssel, die die Ihren Gedanken innewohnende Energie bündeln helfen, so daß Sie die Reiki-Kraft nun auch über die gewöhnlichen räumlich-zeitlichen Grenzen Ihres Daseins hinaus aussenden können. Diese Schlüssel öffnen die Reiki-Kraft demnach in noch umfassenderem Sinn. Mit „Magie" oder „übersinnlichen Phänomenen" haben sie nichts zu tun. Sie fassen Ihr Bewußtsein in einem Brennpunkt zusammen, lassen Sie die Reiki-Kraft über weite Entfernungen ausstrahlen und bereichern Ihr Reiki um eine neue Komponente, so daß Sie nun auch die Psyche heilen können. Die Schlüssel beruhen auf den uralten, universalen Gesetzen der Energieübetragung durch den GEIST.

Im allgemeinen lassen wir unsere Gedanken von uns abstrahlen wie Lichtwellen, die sich von der Quelle gleichmäßig in alle Richtungen verlaufen. Deswegen verlieren sie mit zunehmender Entfernung zunehmend an Kraft, den Wellen auf einer ruhigen Wasseroberfläche gleich, die sich nach dem Einschlag eines Kiesels ausbreiten. Diese Art der Übertragung hilft uns wenig, wenn ein Gedanke eine weite Entfernung überbrücken soll, denn zu diesem Zweck muß der Gedanke gebündelt sein – einsgerichtet und spitz wie ein Pfeil.

Dies ermöglichen die von Dr. Usui wiederentdeckten Reiki-Schlüssel. Sie befähigen den Übenden des zweiten Grades, die Reiki-Kraft über die gewöhnlichen räumlich-zeitlichen Grenzen seines Daseins hinaus strahlen zu lassen. Wobei wir uns wie beim ersten Grad nicht vorstellen dürfen, daß „wir" die Energie „aussenden". Auch hier wird die Reiki-Kraft vom Klienten „eingezogen" oder „angesaugt". Die Schlüssel schlagen die Brücke.

Die Einführung in den zweiten Grad erfolgt gewöhnlich an einem Wochenende oder an drei Abenden. Am ersten Abend lernt die Gruppe die Schlüssel kennen und was sie darüber wissen muß. Außerdem erhält sie die Einstimmungen des zweiten Grades. Am zweiten Abend wenden wir die Schlüssel an und lernen eine besondere Technik zur Heilung der Psyche. Der dritte Abend ist der Fernheilung gewidmet. Wir unterhalten uns über die verschiedenen Anwendungsmöglichkeiten der Schlüssel und bestärken uns in dem Wunsch, diese Möglichkeiten näher zu erforschen.

Die Technik zur Heilung der Psyche befreit uns von den Schlacken negativer Erfahrungen, die uns falsch konditionieren. Wir haben uns sicher bei vielen Gelegenheiten in unserem Leben negativ verhalten. Sind wir dann erneut mit ähnlichen Umständen konfrontiert, gehen wir nicht etwa offen darauf zu, sondern reagieren, wie die eingefahrenen Reaktionsmuster uns zu reagieren vorschreiben, auch wenn dies alles andere als sinnvoll ist. Negative Erfahrungen scheinen uns unbewußt auf ihre Wiederholung festzulegen. Und wie häufig mögen wir uns bei einer Gedankenlosigkeit ertappen: wir reagieren, ohne zu überlegen, was uns reagieren läßt und wohin uns die Reaktion führen wird. Bei richtigem Gebrauch hilft uns einer der erwähnten Reiki-Schlüssel, uns von diesen vorgegebenen Reaktionen und Verhaltensmustern zu befreien.

Wenn sie den spirituellen Dimensionen des Daseins zuwiderlaufen, verursachen die geistig-seelischen Dynamiken häufig physische Krankheiten. Louise Hayes Buch *Heile Deinen Körper* gibt Ihnen einen Einblick in diese Zsammenhänge, ebenso Kapitel 16 unseres Buches. Dort stellen wir typische Energieblokkaden dar und beschreiben, wie bestimmte Gefühle sich in bestimmten Körperpartien festsetzen und damit bestimmte Krankheiten auslösen. Diese Kenntnisse können wir einsetzen, wenn wir uns der Technik zur Heilung von Geist und Seele bedienen und den Klienten Zugang zu seinem höheren Selbst finden lassen. Dieselbe Technik können wir nach der Einweihung in den zweiten Grad auch an uns selbst anwenden: Wir räumen alte Verhaltensmuster aus dem Weg und schärfen damit unsere Intuition.

Die Einstimmungen in den zweiten Reiki-Grad lösen sehr viel Bewegung und inneres Wachstum aus. Stellen Sie sich deswegen auf eine Reihe von Veränderungen ein – auf allen Daseinsebenen und in allen Lebensbereichen. Diese Veränderungen sind die

Folge der Kraftübertragung bei den Einweihungen, und wie eine Kraftübertragung wirken sie auch: Sie befreien Ihre Energie aus unnötigen Fesseln. Damit wächst Ihnen größere Verantwortung zu. Sie manifestiert sich in der Gabe der heilenden Kräfte.

Der zweite Reiki-Grad befähigt Sie, die höheren Ebenen des Daseins bewußt zu erleben. Mit seinen Einstimmungen erwachen Sie zum höheren Selbst, ein Reich, das Sie bisher noch nicht kannten. Lebendig und direkt spricht aus Ihnen die Stimme der Intuition. Sie schenkt Ihnen Ganzheit, Frieden und Harmonie – ein neues Lebensgefühl.

Weise der Mensch, der in sich den göttlichen Funken der Intuition weckt und bildet. Er wird ein sechszackiger Stern sein, ein Stern der Weisheit. Und er bringt den Morgen eines neuen Tages, der ein Tag des Friedens sein wird, der Harmonie und der Kraft.

Eugene Fersen

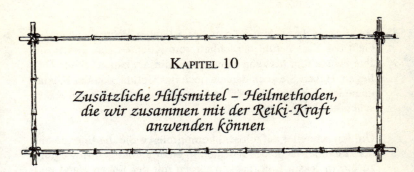

KAPITEL 10

Zusätzliche Hilfsmittel – Heilmethoden, die wir zusammen mit der Reiki-Kraft anwenden können

In diesem Kapitel wollen wir Heilmethoden beschreiben, die wir in Verbindung mit der Reiki-Kraft einsetzen können, auch wenn sie nicht unmittelbar zu Reiki gehören. Nach der Einweihung in den zweiten Grad wissen Sie wie viele andere wahrscheinlich intuitiv, was Ihnen bei Heilung und Selbstheilung weiterhilft. Auch Frau Takata fügte ihren Reiki-Behandlungen Elemente hinzu, die nicht auf Dr. Usui zurückgehen. Jeder hat seine eigenen Begabungen und Stärken, und so dürfen wir uns frei fühlen, mit verschiedenen Heilmethoden zu experimentieren und unser Repertoire zu erweitern.

Da wir bei der Reiki-Behandlung dem Klienten die Energie nicht willentlich „zusenden", können wir ungestört beobachten und unsere Gedanken auf andere Dinge richten. Zweifellos: Reiki ist eine eigenständige Heilmethode, die für sich ausgezeichnete Behandlungserfolge erzielt. Trotzdem mag es Ihnen weiterhelfen, wenn Sie sich mit den Methoden dieses Kapitels befassen und sie in Verbindung mit Ihren Reiki-Behandlungen einsetzen.

Die Lösung von Energieblockaden

Bei einer Reiki-Behandlung mag Ihnen auffallen, daß der Klient an einer bestimmten Körperpartie nur wenig Energie „einzieht" und sich „kalt" anfühlt. Vergewissern Sie sich in diesem Fall zuerst, daß das Kältegefühl in Ihren Händen nicht deswegen entstand, weil diese dem Körper des Klienten Wärme entziehen. Geht das Kältegefühl tatsächlich vom Klienten aus, lassen Sie Ihre Hände fünf bis zehn Minuten auf dieser „kalten" Stelle aufliegen. Haben Sie auch danach noch das Gefühl, daß der Klient, keine Reiki-Kraft „einzieht", können Sie den Energiestau wahrscheinlich schon intuitiv spüren.

Um ihn schneller aufzulösen, komprimieren Sie die Energie auf der Hautoberfläche des Klienten in einer anmutigen Bewegung zu einem festen Ball, packen diesen mit der linken Hand und heben ihn vom Körper weg. Dann durchtrennen Sie seine Verbindung zur Hautoberfläche des Klienten mit einer Schneidebewegung mit der rechten Hand. Sie umfassen die linke mit der rechten Hand, die Sie sich als ein strahlend weißes Licht vorstellen. Darin löst sich der Ball der gestauten Energie auf. Schließlich legen Sie beide Hände wieder an derselben Stelle auf den Körper des Klienten. Sie werden wahrscheinlich mehr Wärme und eine pulsierende Energie spüren, denn der Klient ist von einem Stau befreit worden. Er kann mehr Reiki-Kraft „einsaugen".

Sie können diesen Vorgang auch imaginieren, ihn vor Ihrem geistigen Auge ablaufen lassen. Dies empfiehlt sich besonders bei einem Klienten, der die Handbewegungen als Hokuspokus betrachten würde, weil er allen rituellen oder schamanistischen Gesten mißtraut. Umgekehrt können solche Gesten aber auch sehr wirksam sein, dann nämlich, wenn der Mensch sie zum Zeichen dafür nimmt, daß man ihn von etwas „Schlimmem" oder „Bösem" befreit hat. Wie sagte Albert Schweitzer: „Der Medizinmann hat aus denselben Gründen Erfolg wie der Arzt: Jeder Patient trägt seinen Arzt bereits in sich. Er kommt zu uns, weil er diesen inneren Arzt nicht bewußt wahrnehmen kann. Wir Ärzte haben unsere schönsten Erfolge, wenn wir Mittel und Wege finden, die den „inneren Arzt" des Patienten an die Arbeit schicken." Erste und wichtigste Aufgabe der Heilerin oder des Heilers ist demnach zu erkennen, auf welche Art von Behandlung der Klient wahrscheinlich ansprechen wird.

Ich selbst habe diese Technik zur Auflösung von Energiestaus bei meiner Feldforschung zu parapsychologischen Heilmethoden von einem mexikanischen Geistheiler erlernt. Damals begriff ich auch, daß die meisten Menschen die Energieblockaden in ihrem Körper spontan lokalisieren können. Sie „wissen", wenn auch nicht vollkommen bewußt, wo sie liegen; und sie „wissen" auch, welche Emotionen in den verschiedenen Körperpartien gestaut oder verschüttet sind. Die dramatische Darstellung ihrer Beseitigung mag den Klienten dann davon überzeugen, daß sich tatsächlich etwas geändert hat, und diese Erfahrung mag wiederum die Heilung beschleunigen.

Energiestaus können viele Ursachen haben. Zum großen Teil gehen sie auf verschüttete Gefühle zurück, die im Leben kein Ventil gefunden haben und sich niemals ausdrücken konnten. Wir werden uns im Kapitel 16 näher damit befassen, vor allem mit der Frage, wo im Körper sich bestimmte Emotionen mit Vorliebe festsetzen und den Fluß der Energie blockieren.

Neben verschütteten Gefühlen können negative Gedanken die Energie stauen. Negative Gedanken verselbständigen sich und gewinnen ein Eigenleben, wann immer sie vom Menschen Besitz ergreifen. Wie die Kletten können sie sich in Scharen an den Körper heften. Die Theosophie bezeichnet diese sich verselbständigenden Gedanken als „Elementargeister".

Gewöhnlich vergegenwärtigen wir uns nicht die ungeheure Kraft unserer Gedanken. Alle unsere Gedanken sammeln und ballen sich im feinstofflichen Körper der Erde und durchsetzen ihr Energiefeld. Daher ist es für Menschheit und Erde gleichermaßen wichtig, daß wir bewußt leben, daß wir wirklich Mensch werden, daß wir die unschätzbaren Möglichkeiten des SEINS tatsächlich verkörpern.

Wenn sie schnell durch uns hindurchlaufen, verselbständigen sich die Gedanken nicht. Ohne Eigenleben verschwinden sie so schnell wie sie aufgetaucht sind. Wer jedoch über einen langen Zeitraum von einer negativen Vorstellung besessen ist, ermöglicht der diesem Gedanken innewohnenden Kraft, „kleine Wesen" zu zeugen, eben die sogenannten „Elementargeister", die dann von sich aus dafür sorgen, daß sich dieselben negativen Vorstellungen auch weiterhin fleißig fortpflanzen.

Wir müssen diese Phänomene verstehen lernen, weil gerade heute die mächtige Kraft der Liebe unserem Planeten zuströmt, um ihn von seinen Gebrechen zu heilen, und weil gerade heute zahllose Menschen ihre intuitiven Fähigkeiten entdecken. Kann sein, daß sie plötzlich sogar „Elementargeister" sehen können und befürchten „verrückt zu werden", weil sie sich solche Erscheinungen mit dem in unserer Kultur gängigen Weltbild nicht erklären können. Natürlich sind einige Länder für solche Dinge offener als andere, Brasilien etwa oder England. Dort gibt es Gruppen, die sich damit befassen und die Menschen aufklären können. Notwendig ist Aufklärung gewiß. So mancher „Schizophrene" wird in die Klinik eingewiesen, weil er Dinge sieht, die andere nicht sehen können; er ist ein Medium, das nicht gelernt hat, mit den Kräften und Erscheinungen seiner Wahrnehmung richtig umzugehen.

Hier im Westen haben wir geradezu Angst vor jeder medialen Begabung. Das hat seinen Grund: die Jahrhunderte der Hexenprozesse und -verbrennungen haben sich im kollektiven Unbewußten niedergeschlagen. Millionen Gefolterte und Tote sind nicht so leicht zu vergessen. So konnte es den kirchlichen Verfolgungen gelingen, die Kraft der Intuition zu verschütten und zu verdrängen. Das von Descartes zur Vollendung geführte logische und rationale Denken hat diese Entwicklung noch verstärkt.

Aber so klar Ratio und Logik unser Denken bestimmen mögen, so klar ist auch, daß sie nicht alle Lebensprobleme lösen können. Heute vermischen sich die Strömungen. Neben dem Verstand findet die Intuition wieder ihren Platz; wir betrachten ihn als eines unter vielen Werkzeugen unseres Bewußtseins.

Sollten Sie an dieser Entwicklung zweifeln, gehen Sie am besten in die nächste größere Buchhandlung und blättern in den neuesten Ratgebern für die Wirtschaft oder informieren sich über einschlägige Seminare für Manager und Führungskräfte. Sie werden sehen: der erfolgreiche Geschäftsmann von heute verläßt sich eher auf seine Intuition als auf rationale Überlegungen und Logik allein. Da nun immer mehr Menschen ihre Intuition wiederentdecken, ist es nur natürlich, wenn die Menschheit als Ganzes zu den ebenso alten wie normalen und menschlichen medialen Fähigkeiten findet. Jeder Mensch ist auf die eine oder andere Weise der geborene Hellseher; Telepathie ist ein Geschenk der Natur.

Sogar Tiere verfügen darüber. Mediale Sitzungen mit kranken Tieren haben ergeben, daß sie in Bildern denken, und diese Bilder dem Tierarzt wertvolle Hinweise für seine Behandlung liefern. Sollte dem Menschen eine Fähigkeit fehlen, die selbst die Tiere besitzen? Ich kann an meinen Schülerinnen und Schülern gut beobachten, wie sehr sie sich ihrer Intuition öffnen, vor allem nach der Einweihung in den zweiten Grad. Akzeptieren wir denn die Intuition als etwas Natürliches – als eine Gabe Gottes.

Wer seine mediale Begabung negativ erfährt, muß die Gründe in sich selbst suchen. Alle „Ungeheuer" und „Monster" verkörpern gewöhnlich nur die eigenen negativen Gedanken oder „Elementargeister". Man kann sie loslassen, auflösen und die in ihnen gebundene Energie transformieren. Es gibt das Böse nicht. Unwissenheit jedoch gibt es. „Besessen" kann nur sein, wer unbewußt glaubt, daß ein anderer Macht über ihn hat. Und umgekehrt wird nur der Unwissende versuchen, einen andern zu „besitzen"; dieser Versuch wirkt auf ihn selbst negativ zurück.

Jahrhundertelang haben wir unsere Kraft und Autorität den weltlichen und geistlichen Mächten, dem Staat und der Religion überantwortet, so daß wir von ihnen geradezu „besessen" sind. Jetzt ist die Zeit gekommen, daß wir die Verantwortung zurückfordern und legen, wohin sie gehört: in uns selbst. Wir müssen den Neuanfang wagen, frei entscheiden, welche Art von Staat und Religion wir wollen. Wir dürfen nicht länger blind unseren Eltern folgen, wie sie ihren Eltern gefolgt sind. Diese blinde Nachfolge verewigt die Verschüttung und den Verzicht auf unsere ureigenen Gefühle von Generation zu Generation.

Und wir können die Ketten der Unwissenheit und Massenhypnose tatsächlich durchbrechen. Wir haben die Kraft. Wir müssen dazu nur die Energiestaus in unserem Körper auflösen. Auf diesem Weg beseitigen wir die Folgen des Verzichts auf unser wahres Wesen und werden, was wir schon immer waren, zwischenzeitlich allerdings vergessen haben: Mitgestalter und Mitschöpfer der universalen Lebenskraft. Wir sind Lichtwesen. Je tiefer wir dies „wissen" und erfahren, desto „höher und feiner schwingt" die Menschheit als ganzes. Die Evolution des Bewußtseins schreitet fort mit Erfahrung und Erkenntnis unseres SEINS.

Die Reiki-Kraft kann die Entwicklung beschleunigen. Sie führt dem Körper Energie zu und versetzt ihn in das Gleichgewicht des Fließens. Sie öffnet die Regionen und Bereiche, denen wir lange Zeit den Zustrom nährender Lebenskraft verweigert haben.

Nehmen Sie sich die Zeit, in Ihren Körper hineinzulauschen, und entdecken Sie, wo sich die Energie dort gestaut hat. Behandeln Sie sich jeden Tag selbst mit der Reiki-Kraft, um sich, vor allem mit der Technik des zweiten Grades zur Heilung der Psyche, von überholten Verhaltensmustern zu befreien.

Längst verschüttete Gefühle werden an die Oberfläche des Bewußtseins gespült, und Ihre Träume zeigen Ihnen vieles. Sobald Sie die Ursache der Stauung oder des Verzichts auf Ihr eigenes Erleben mit den Hinweisen aus Kapitel 16 ermittelt haben, formulieren Sie Affirmationen für sich, die das negative Denken bei der Wurzel packen. Louise Hayes *Heile Deinen Körper* und Bodo J. Baginskis und Shalila Sharamons *Reiki – Universale Lebensenergie* werden Ihnen dabei weiterhelfen. Das erste Buch gibt uns guten Rat, wie wir mit Hilfe jeweils der passenden Affirmation uns mit vielen verschiedenen Krankheiten positiv auseinandersetzen können. Das zweite macht uns auf die Botschaft aufmerksam, die jedes Leiden uns vermitteln und damit zur positiven Wandlung unseres Lebensstils oder unserer Anschauungen beitragen will; außerdem gibt es Hinweise auf ihren geistig-seelischen Hintergrund.

Nun sind Sie gerüstet: Sie können Ihre Intuition schärfen und ein Programm zur Selbstheilung aufstellen.

Farbe und Klang

Viele Bücher erklären uns die Heilkraft der Farben. Unter anderem hat auch Dr. Joyce Nelson aus San Diego in Kalifornien die Wirkung der Farben auf Körper und Seele des Menschen getestet. Bei ihrem Experiment hat sie die Versuchspersonen mit einem Mehrfachschreiber gekoppelt, der den Blutdruck und andere Werte registriert, und ihren elektrischen Hautreflex gemessen. Violettes Licht verlangsamte die Pulsfrequenz, allerdings nicht bei allen Versuchsteilnehmern. Licht vom anderen Ende des Farbspektrums hingegen beschleunigte den Pulsschlag, bei Männern häufiger und mehr als bei Frauen. Auch zahlreiche Heilwirkungen konnte Frau Dr. Nelson an den Farben entdecken. Sie kombiniert sie in ihrer medizinischen Praxis häufig mit heilenden Kristallen. Dr. Bara Fischer hingegen lehrt die Darias Dinshah-Methode der Farbtherapie. Dabei wird der Klient je nach Symptom mit einer von insgesamt zwölf Farben bestrahlt. Wir wollen hier kurz ihre Eigenschaften und ihre Effekte auf den Körper skizzieren.

Rot: belebt Nervensystem und Sinne; stimuliert den Kreislauf; hebt die Nebenwirkung von Röntgenstrahlen und die Folgen starker ultravioletter Strahlen teilweise auf.

Orange: kräftigt Lungen und Bronchien; stimuliert Schilddrüse und Magen; löst Krämpfe und stärkt den Knochenbau.

Gelb: stimuliert das Lymphsystem, das sensorische und motorische Nervensystem; steigert die Hormonproduktion.

Zitronengelb: aufbauend für Körper und Gehirn; reinigt die Lungen; fördert ganz allgemein die Regenerationsfähigkeit.

Grün: fördert das funktionale Gleichgewicht von Körper und Großhirn; stimuliert die Hirnanhangdrüse; tötet Krankheitskeime.

Türkis: beseitigt akute Störungen und hilft gegen Hautverbrennungen.

Blau: wirkt sedativ; senkt Fieber; mildert Entzündungen, Jucken und Reizungen; stimuliert die Zirbeldrüse.

Indigo: wirkt sedativ; stimuliert die Nebenschilddrüsen; bildet Abszesse und Tumore zurück; dämpft emotionalen Überschwang.

Violett: regt Milz und weiße Blutkörperchen an; senkt Fieber; entspannt die Muskeln.

Purpur: senkt die Körpertemperatur; verlangsamt den Herzschlag; beruhigt die Nierenfunktion; beugt Lungenblutungen vor.

Magenta: harmonisiert das Gefühlsleben; sorgt für den optimalen Blutdruck; stimuliert Nieren und Nebennieren.

Scharlach: stimuliert Nieren und Nebennieren; intensiviert das Gefühlsleben; kräftigt die Geschlechtsorgane; hebt den Blutdruck.

Ich ermutige meine Schülerinnen und Schüler, mit Farben zu experimentieren, nicht nur beim Heilen, sondern Tag für Tag in der Wahl ihrer Kleidung. Manchmal bitte ich auch meine Klienten, daß sie sich in einer bestimmten Farbe kleiden, vor allem wenn ich sie kombiniert mit Reiki und Rebirthing behandeln möchte; sie sollen sich dann in der Farbe des blockierten Energiezentrums kleiden.

*Einen ähnlichen Ansatz verfolgt Marianne Uhl mit der *Chakra-Orgel.* Sie öffnet über die kombinierte Wirkung von Musik, ätherischem Öl, Farbe, Edelstein und gesprochener Meditationsanleitung den Zugang zu der Energie der Chakren, so daß die in ihnen gestaute Energie wieder frei fließen kann. Siehe: Marianne Uhl, *Chakra-Orgel,* Durach, 1989. Anm. d. Übers.

Zur Verlebendigung verschütteter Gefühle scheinen mir auch Jon Monroes Audio-Farbkassetten gut geeignet. Jon hat die zwölf Farben von Darias Dinshahs Spektrum in Grundtöne* umgesetzt und aufgenommen. Ich benutze Jons Kasetten häufig, und zwar jeweils die Kassette, die der Farbe der blockierten Chakren entspricht.

Kristalle

Der Bergkristall ist in den letzten Jahren als Hilfsmittel beim Heilen sehr populär geworden, denn er verstärkt die natürlichen Heilkräfte und lenkt sie in die gewünschte Richtung. Seine Popularität gerade heute sollte uns nicht überraschen. Mit dem sich anbahnenden Quantensprung des menschlichen Bewußtseins kommt auch die Lehre von den Kristallen wieder an die Oberfläche. Viele führen sie auf das alte Atlantis zurück.

Aber nicht nur die alternativen Heilmethoden entdecken den Kristall wieder, auch die Wissenschaft findet immer neue Anwendungsmöglichkeiten für ihn, zum Beispiel bei der Gewinnung von Sonnenenergie, in den Informations- und Kommunikationstechniken. Man nutzt unter anderem den sogenannten kristallelektrischen Effekt. Dabei werden die Kristalle Druck ausgesetzt, bis sie eine meßbare elektrische Spannung abgeben. Mit anderen Worten: unter mechanischem Druck gibt der Quarz Elektronen ab. Diese Relation läßt sich umkehren: unter Strom setzt der Kristall mechanische Bewegung in Gang. Deswegen die Quarz-Uhr.

Kristalle gibt es an vielen Orten auf unserem Planeten, mittlerweile kann man sie sogar synthetisch herstellen. Jeder Kristall ist im Prinzip eine geometrische Mineral-, Zucker- oder Substanzverbindung. Ihre symmetrische Form oder Gestalt beruht auf der sich regelmäßig wiederholenden Atom- oder Molekularstruktur. Diese streng geometrisch-mathematische Anordnung begründet, warum sich Kristalle so gut zum Programmieren eignen. Heilkräftig wiederum sind sie, weil sie eine spezifisch abgestimmte

Energie-Matrix formen und speichern und zwischen den verschiedenen Ebenen des Daseins Botschaften weiterleiten können, die sich auch auf der feinstofflichen Ebene noch umsetzen lassen.

In Kapitel 4 haben wir die Wechselwirkungen zwischen den strukturellen Ebenen lebender Körper besprochen und sind auf die vielseitige Verwendbarkeit der Reiki-Kraft eingegangen, die alle diese Ebenen durchdringen kann. Während die Reiki-Kraft mit dem physischen auch den Äther-Körper durchdringt und darüber hinaus auf die Psyche einwirkt, wo die eigentlichen Krankheitsursachen liegen, scheinen Kristalle hauptsächlich auf die verschiedenen Manifestationen des feinstofflichen Energiekörpers einzuwirken.

Wir wiesen bereits darauf hin, daß hellseherisch begabte Menschen zerstörerische Muster im Äther-Körper wahrnehmen und feingestimmte Instrumente sie aufzeichnen können, bevor diese auf der physischen Ebene in Gestalt einer Krankheit in Erscheinung treten. An diesem Punkt beweisen Kristalle ihre Nützlichkeit: sie verstärken und richten die heilenden Energien auf jene Stellen im feinstofflichen System, wo sich Stauungen festgesetzt haben. Auch bei körperlichen Krankheiten können sie weiterhelfen, denn ihr positiver Einfluß auf die feinstoffliche Ebene wird letztlich auf den physischen Körper durchschlagen und auch dort das fließende Gleichgewicht der Energien wiederherstellen. Wir dürfen demnach sagen, daß Kristalle zwar Energieblockaden und negative Denkmuster auf der feinstofflichen Ebene aufheben helfen, jedoch nicht unbedingt heilkräftig genug sind, festgefahrene geistig-seelische Strukturen auf der Ebene der eigentlichen Krankheitsursachen in den tiefsten Schichten der Psyche auszuräumen. Einerseits sind Kristalle ein wirkungsvolles Hilfsmittel zur Verstärkung und Vermittlung heilender Energien, andererseits ist ihre Wirkkraft zu schwach, um die Wiederholung negativer seelischer Strukturen zu verhindern, die für die Krankheit verantwortlich sind.

Die Reiki-Kraft dagegen wirkt unmittelbar auf die Ebene der Verursachung ein. Insofern ist sie den Kristallen überlegen. Aber der Einsatz der Reiki-Kraft schließt den Einsatz heilender Kristalle nicht aus; sie lassen sich miteinander kombinieren. Mit der Kraft des ersten Reiki-Grades können Sie den Kristall mit der Reiki-Kraft programmieren:

Sie nehmen ihn in die Hände und laden ihn auf. Dann verleihen oder verschenken Sie ihn. Der Empfänger kann sich damit selbst behandeln oder ihn einfach am Körper tragen. Noch eine andere Methode ist möglich: Sie halten den Kristall wiederum in den Händen, visualisieren den Klienten, senden ihm über eine beliebige Entfernung heilende Energien zu und sehen vor Ihrem inneren Auge, daß er diese empfängt und absorbiert.

Da alle Kristalle über magnetoelektrische Schwingungen wirken, können sie die vom Geist des „Senders" ausgehenden Energien verstärken und über die Entfernung an den Klienten übertragen.

Mit dem zweiten Reiki-Grad können Sie den Kristall darüber hinaus mit der Technik zur Heilung der Psyche programmieren und seine Heilkraft wesentlich steigern, so daß nun auch die Ebene der eigentlichen Krankheitsursachen in die Heilung einbezogen wird. Diese Technik des zweiten Grades aktiviert im Kristall höhere Schwingungsfrequenzen, für die Heilung mit Kristallen ein interessanter Aspekt.

Randall und Vicki Baer zum Beispiel unterscheiden in ihren Büchern über die Anwendung von Kristallen an einigen Stellen bewußt zwischen Ladung und Aktivierung von Kristallen. Unter Ladung verstehen sie die Erneuerung seiner Schwingkraft, während die Aktivierung seine Kapazität und damit seine Schwingungsfrequenzen erhöht. Nach meiner eigenen Erfahrung kann die Kraft des ersten Reiki-Grades einen Kristall laden; die Kraft des zweiten Grades hingegen wird ihn aktivieren, indem sie seine Ladekapazität erhöht.

Lassen Sie mich an dieser Stelle auf eine Entdeckung der Wissenschaft hinweisen, die die wundersame Resonanz zwischen Lebewesen und Bergkristallen in ganz neues Licht rückt. Vereinfacht lautet sie: Der Mensch ist ein lebender Kristall. – In der Biologie setzt sich allmählich die Erkenntnis durch, daß eine Reihe von Substanzen und Membranen im menschlichen Körper in ihrer Funktion an Flüssigkeitskristalle erinnern. Aufschlußreich ist in dieser Hinsicht auch Marcel Vogels Arbeit, der seit sechsundzwanzig Jahren in den Laboratorien von IBM forscht und auf seinem Gebiet weltweit anerkannt ist. Ihm gelang nämlich, Bergkristalle durch eine besondere Schneidetechnik exakt auf die Schwingungsfrequenz des Wassers einzustimmen. Auch der menschliche Körper besteht zum großen Teil aus Wasser. Vielleicht überzeugt uns diese Entdeckung, daß die Heilkraft der Kristalle und unsere Fähigkeit, mit ihren Energien mitzuschwingen, gar nicht so eine „esoterische Schnapsidee" ist, wie vielfach immer noch angenommen wird.

Im August 1988 lernte ich Dr. Igor Smirnoff und seine Frau Irina kennen; sie waren kurz zuvor aus der Sowjetunion emigriert. Beide haben viele Jahre mit den sogenannten Wasserbabys gearbeitet und geforscht. Dr. Smirnoff erfand sogar einen Kristallapparat, der das Geburtswasser mit den Lebensgeräuschen von Walen und Delphinen programmiert. Die Wasserbabys lernen unmittelbar nach der Geburt schwimmen, und der sofortige Kontakt mit dem Wasser scheint ihrer Intuition außerordentlich gut zu bekommen. Nach wenigen Wochen sind sie in der Lage, ganz ruhig auf der Seite liegend zu schlummern, während sie sich auf der Wasseroberfläche treiben lassen. Schon nach sechs Wochen können sie aufrecht stehen, und sie wissen genau, auf welcher Seite des Versuchstanks die Mutter steht, wenn man sie in einem abgedunkelten Wassertank allein läßt; sie finden sie mit untrüglichem Spürsinn. Die verblüffenden Fähigkeiten und die Sensibilität der Wasserbabys ist ein weiterer deutlicher Hinweis auf den Zusammenhang zwischen Kristall, Wasser und Mensch.

Die Wahl eines geeigneten Kristalls

Wichtigstes Kriterium für die Wahl eines Kristalls ist: Er muß mit Ihnen mitschwingen; die Resonanz muß stimmen. Kristalle sind in dieser Hinsicht nicht anders als Menschen; jeder hat seine ganz persönliche Ausstrahlung, seine ganz eigene Schwingungsfrequenz. Farbe, Größe, Gestalt und Grundaufbau sind für die Wahl ebenso entscheidend wie der beabsichtigte Gebrauch. Folgen Sie am besten Ihrer Intuition. Versuchen Sie zu erspüren, wie Sie spontan auf die feinstofflichen Energien eines Kristalls ansprechen. Dr. Joyce Nelson schlägt eine Übung vor, mit der Sie sich für die feinstofflichen Energien eines Kristalls sensibilisieren können:

1. Reiben Sie Ihre Handflächen etwa eine Minute lang kräftig und schnell gegeneinander.
2. Lassen Sie Ihre Hände, die Handflächen immer noch einander zugekehrt, sich langsam voneinander wegbewegen, bis sie etwa fünfzehn Zentimeter voneinander entfernt sind. Dann bewegen Sie sie ebenso langsam aufeinander zu. Wiederholen Sie die Bewegung einige Male und achten Sie darauf, ob die Hände kribbeln, wärmer werden, oder Sie eine andere Veränderung Ihrer Energien wahrnehmen können.

Löschen und Reinigen

Da jeder Bergkristall die Schwingungen seiner näheren Umgebung aufnimmt, sollten Sie ihn nach dem Kauf oder nachdem Sie ihn geschenkt bekommen haben als erstes „deprogrammieren" oder löschen, denn Sie wollen mit ihm ja nicht gleichzeitig die Energie und Gedanken des Vorbesitzers oder der Menschen übernehmen, die in der letzten Zeit mit ihm in Berührung gekommen sind.

Reinigen Sie Ihren Kristall mindestens einmal wöchentlich, wenn Sie ihn am Körper tragen. Wenn Sie ihn an einem ruhigen und harmonischen Ort aufbewahren, ist dies nicht nötig. Dann müssen Sie ihn nur gelegentlich reinigen. Hier einige Vorschläge:

1. Sie legen ihn mindestens vierundzwanzig Stunden in eine Salzwasserlösung.

2. Sie bedecken ihn vierundzwanzig Stunden mit trockenem Seesalz.
3. Sie reinigen ihn unter laufendem Wasser.
4. Sie blasen jede seiner Facetten an und übertragen ihm dabei in einer Visualisierung Reinheit und Frische.

Ladung

Ihren Kristall können Sie aufladen, indem:

1. Sie ihn für einige Stunden unter eine Pyramide oder auf ein Kristallgitter stellen;
2. Sie ihn mit dem Licht einer gewünschten Farbe bestrahlen, um ihn auf Ihre Frequenz einzustimmen;
3. Sie lassen ihn für einige Stunden auf einem der besonderen Energiepunkte der Erde, zum Beispiel einem Ort mit niedriger erd-magnetischer Spannung;
4. Sie behandeln ihn mit der Reiki-Kraft oder lassen ihn damit behandeln.

Nach der Einweihung in den ersten Grad kann dies jeder für Sie tun. Er muß den Kristall nur in die Hände nehmen und in Gedanken den Wunsch formulieren, ihn mit der Reiki-Kraft aufzuladen. Darüber hinaus sollte er den vorgesehenen Anwendungsbereich in seinen Wunschgedanken einschließen.

Aktivierung

Wir sagten bereits, daß wir die Aktivierung eines Kristalls als Erweiterung seiner Ladekapazität definieren. Randall und Vicki Baer empfehlen zu diesem Zweck, den Kristall abwechselnd sehr hohen und sehr niedrigen Temperaturen auszusetzen. Allerdings muß der Kristall sehr langsam und allmählich erhitzt und abgekühlt werden. Andernfalls bricht er womöglich oder wird zumindest rissig. Andere Möglichkeiten der Aktivierung sind:

1. Gewitter- oder Schneestürmen;
2. Teslaspulen (Teslatransformatoren);

3. elektrostatische Transformatoren;
4. komplexe Kristallgitter;
5. der zweite Grad der Reiki-Kraft.

Programmierung

Wie die moderne Informationstechnik Kristalle zur Datenspeicherung im Computer einsetzt, können auch wir lernen, Bergkristalle für viele verschiedenen Aufgaben zu programmieren. Was meinen wir damit? Im wesentlichen die Übertragung besonderer Energiemuster und Gedanken auf den Kristall. Hier zwei Beispiele. Sie sind Dr. Joyce Nelsons Buch *Gypsies: Guide to Crystals* entnommen.

1. Die Programmierung zum Heilen:
Sie können Ihren Kristall individuell auf die verschiedensten körperlichen und psychischen Beschwerden einstellen und auf ihre Linderung programmieren. Visualisieren Sie zu diesem Zweck den kranken Menschen und die Beschwerden, die Sie heilen möchten. Als nächstes visualisieren Sie so detailliert wie möglich die Besserung. Sie spüren die Heilenergie in den Klienten einströmen und sehen die Beschwerden restlos verschwinden. Nachdem Sie den Kristall programmiert haben, können Sie ihn zur Heilung einsetzen. Halten Sie ihn über den Körper Ihres Klienten und leiten Sie nun ganz bewußt seine heilenden Kräfte an die zu behandelnden Stellen. Visualisieren Sie die heilenden Kräfte, wie sie aus Ihnen durch den Kristall in den Körper des Klienten strömen. Sie können den Kristall dem Klienten auch für ein paar Tage überlassen, damit er sich selbst behandeln oder ihn einfach am Körper tragen kann. Nach einigen Behandlungen empfiehlt sich allerdings eine gründliche Reinigung und Neuprogrammierung.

2. Die Programmierung auf eine Farbe:
Jede Farbe hat ihre besondere Schwingungsfrequenz und damit ihre Eigenarten, die sich für zahlreiche Zwecke nutzbar machen lassen. Wir können mit Hilfe von Farben die Persönlichkeit, die Gefühlsstimmung, den Bewußtseinszustand und die körperliche

Verfassung beeinflussen. Dazu müssen wir den Kristall auf die Farbe programmieren, die die gewünschte Änderung repräsentiert und ihn dann auf die gleiche Weise einsetzen wie beim Heilen. Im *Guide to the Metaphysical Properties of Color* sind die verschiedenen Wirkungen der Farben ausführlich dargestellt. Noch ein kleiner Hinweis zur Technik der Programmierung: am besten, Sie betten den Kristall in ein Gel der gewünschten Farbe ein und bestrahlen ihn dann mit natürlichem oder künstlichem Licht.

Kristalle sind wertneutral: nicht gut, nicht böse, weder positiv noch negativ. Aber sie wirken. Sie strahlen Energie aus, senden und verstärken das ihnen eingegebene Programm. Sie können jede Botschaft unmittelbar von Bewußtsein zu Bewußtsein übertragen. Den Inhalt dieser Botschaft bestimmen wir ganz allein. Wir sind verantwortlich und deswegen müssen wir uns beim Gebrauch der Kristalle verantwortungsbewußt zeigen, denn ihre eigentliche Aufgabe, so sagt uns Marcel Vogel, ist der selbstlose Dienst an der Menschheit: die Befreiung von Schmerz und Leid. Ob wir sie als Mythos oder als Tatsache betrachten, die Geschichte von Atlantis gibt uns in dieser Hinsicht ein warnendes Beispiel. Wir müssen also vorsichtig sein, jeder für sich und alle gemeinsam die sich ständig verfeinernden und weiterentwickelnden technischen Möglichkeiten mit Augenmaß und verantwortungsbewußt anwenden. Wir haben die Wahl. Wir können die Kristalle so programmieren, daß sie den Weg der Transformation fördern. Setzen wir sie zusammen mit der Reiki-Kraft ein, weitet sich ihr Wirkungsbereich ins Unendliche. Grenzen für ihre Kraft gibt es dann nicht mehr, denn grenzenlos sind sie – dem menschlichen Bewußtsein gleich.

Harmonisierung der Chakren

In Kapitel 4 haben wir den Zusammenhang zwischen den endokrinen Drüsen und den sieben Hauptchakren behandelt und festgestellt, daß Dr. Usuis natürliche Heilmethode des Reiki auf der Erkenntnis der Vernetzung der verschiedenen Strukturebenen der menschlichen Verkörperung aufbaut: Äther- und physischer Körper sind über die Verbindung zwischen Energiezentren und endokrinem System aneinander gekoppelt. Das Wort „Chakra" entstammt dem Sanskrit; seine Grundbedeutungen sind „Kreis" und „Rad". Das treffende Wort, wenn wir bedenken, daß wir, so wir hellsichtig wären, die Chakren als kreisende Lichtscheiben wahrnehmen könnten.

Der Äther-Körper ist ein Energie-Körper. Seine sehr feinen Schwingungen hüllen den physischen Körper vollkommen ein; Energieströme verknüpfen überdies die beiden Körper miteinander.

Der Äther-Körper absorbiert die feineren Schwingungen seiner Umwelt und leitet diese Energie über die Chakren in die endokrinen Drüsen und damit den physischen Körper weiter. Das endokrine System wiederum reguliert den Hormonhaushalt, der unsere Stimmungen und Gefühle beeinflußt. Das heißt: jede Disharmonie in den feinstofflichen Energiezentren bedingt automatisch ein Ungleichgewicht in den endokrinen Drüsen. Umgekehrt schlägt sich jedes Ungleichgewicht des endokrinen Systems in einem Ungleichgewicht der Chakren nieder. Beide Systeme beeinflussen sich wechselseitig, weil die Lebensenergie zwischen ihnen hin- und herfließt. Aber diese Wechselwirkung muß keineswegs ein Motor der Krankheit sein. Sie kann Gesundung und Wohlbefinden fördern, wie es ja bei der Reiki-Behandlung tatsächlich geschieht.

Das endokrine und feinstoffliche System nehmen die Reiki-Kraft gleichzeitig in sich auf. Reiki heilt die Chakren und endokrinen Drüsen gleichzeitig. Reiki harmonisiert beide Systeme und führt sie gleichzeitig zum Gleichgewicht. Da der Reiki-Therapeut bei der Behandlung genau spürt, an welchen Stellen des

Körpers der Klient mehr Energie „einzieht", gehört nicht viel Scharfsinn dazu, die Blockaden aufzuspüren.

Die nächste Abbildung verdeutlicht überdies, daß die Chakren neben dem endokrinen System auch die Organe in ihrem Umfeld und jeweils einen Abschnitt des Nervensystems beeinflussen. Jedes Chakra hat seine besondere Funktion: es repräsentiert und steuert eine Gefühlsqualität und ihre Entfaltung in der individuellen menschlichen Entwicklung. Diese Wechselwirkungen sind im Text zu der Abbildung ansatzweise aufgeführt. Die Verflechtung zwischen den Chakren auf der einen und menschlichen Gefühlsqualitäten und Werten auf der anderen Seite bedeutet natürlich, daß jede Disharmonie in einem Chakra auch die zugeordnete psychische Funktion stört.

Alle Chakren sind gleich wichtig. So selbstverständlich dies klingt, wir müssen es trotzdem erwähnen, beschränken sich doch viele der sogenannten „Wanderer auf dem geistigen Weg" ausschließlich auf die Entwicklung der „höheren Chakren", weil diese dem „Spirituellen" näherstehen. Tatsache bleibt: Alle Erscheinungen er-scheinen – leuchten auf, strahlen – aus dem SEIN, dem GEIST, den spirituellen Ebenen. Überdies sind die Chakren ein Verbundsystem. Und daraus folgt: das energetische Ungleichgewicht in einem Chakra stört das Gleichgewicht aller Chakren.*

Die niederen Chakren sind mehr auf die Erdenergien eingestimmt und den irdischen Elementen verbunden; die höheren Chakren schwingen mit den kosmischen und feinstofflichen Energien mit. Wobei wir bedenken sollten, daß die Worte „hoch" und „niedrig" keine Wertung darstellen, sondern nur die Position im Körper und die Schwingungsfrequenz beschreiben. Das Herz spielt eine Sonderrolle: Hier in der Körpermitte treffen sich die „gröberen" und „feineren" Energien.

---

* Ein umfassende Darstellung der Chakren sowie Anleitungen zum Harmonisieren der Energiezentren durch Farben, Klänge, Edelsteine, Düfte, Atemtechniken, Naturerfahrungen, Reflexzonen und Meditationen finden Sie in Shalila Sharamons und Bodo J. Baginskis „*Das Chakra-Handbuch*", Durach, 1989. Anm. d. Übers.

Dort treffen sich die Strömungen der beiden Pole des Daseins –
Geist und Materie, in Liebe vereint, manifestieren sie Liebe und
Mitempfinden. Das Herzchakra verkörpert das Element Luft;
damit ist es die natürliche Stätte für die Begegnung von Himmel
und Erde.

Gerade heute müssen wir uns sehr um die Harmonisierung der
vier niederen Chakren bemühen, um uns in Mutter Erde zu verwurzeln und unseren Planeten zu heilen. Wir dürfen nicht länger
verdrängen und vergessen, daß der weibliche Pol, die Materie,
die Erde ebensoviel Hinwendung, Pflege und Liebe braucht wie
der männliche Pol des Geistes.

Die Behandlung des ganzen Körpers mit der Reiki-Kraft harmonisiert die Chakren, schenkt ihren Energien das natürliche,
fließende Gleichgewicht und fördert die Heilung und Ganzwerdung aller Ebenen des Daseins. Auch eine Kurzbehandlung ist
möglich. Hier zwei Beispiele:

Behandlung im Stehen:
Der Klient steht entspannt und locker aufrecht und kehrt Ihnen
die Seite zu, während Sie eine Hand etwa fünf bis zehn Zentimeter vor seinen Unterleib und die andere Hand in gleichem Abstand
vor das Steißbein (Wurzelchakra) halten. Halten Sie die Hände
zwei bis drei Minuten in dieser Position, bis die Energie in Wellen
pulsiert. Setzen Sie die Behandlung nach oben hin fort, wobei Sie
die Hände jeweils zwei bis drei Minuten vor ein Energiezentrum
halten. Am Scheitelchakra angekommen, halten Sie beide Hände
über den Kopf des Klienten, lassen über der Fontanelle allerdings
eine Öffnung frei. Nach einigen Minuten führen Sie die Hände
zum Wurzelchakra zurück. Damit verbinden Sie die Chakren zu
einem Verbund und versiegeln sie.

Der Ausgleich von Himmel und Erde:
Ihr Klient liegt auf dem Rücken. Sie legen eine Hand auf seinen
Hinterkopf und die andere am Schambein auf das Wurzelchakra.
Verweilen Sie, bis Sie ein Pulsieren wahrnehmen, ein Kribbeln

Die sieben Hauptchakren

7. Scheitelchakra *(sahasrara)*
endokrines System: Zirbeldrüse
Organ: Großhirn, rechtes Auge
psychische Funktion: Einbindung in das höhere Selbst

6. Stirnchakra, „Drittes Auge" *(ajna)*
endokrines System: Hirnanhangdrüse
Organ: autonomes Nervensystem, Zwischenhirnboden
psychische Funktion: Intuition, Wille, Telepathie

5. Kehlchakra *(vishuddha)*
endokrines System: Schilddrüse
Organ: Kehle und Lunge
psychische Funktion: Kommunikation, Ausdrucksvermögen,
Hellhörigkeit

4. Herzchakra *(anahata)*
endokrines System: Thymusdrüse
Organ: Herz, Lunge, Leber, Kreislauf
psychische Funktion: Liebe, Mitempfinden
Element: Luft

3. Solarplexuschakra *(manipura)*
endokrines System: Nebennieren
Organ: Magen, Leber, Gallenblase (Verdauungsapparat)
psychische Funktion: Kraft und Weisheit
Element: Feuer

2. Bauch- oder Milzchakra *(svadishthana)*
endokrines System: Geschlechtsdrüsen
Organ: Geschlechtsorgane
psychische Funktion: Sexualität und Gefühlsleben
Element: Wasser

1. Wurzelchakra *(muladhara)*
endokrines System: Nebennieren
Organ: Niere, Blase, Wirbelsäule
psychische Funktion: Überlebenstüchtigkeit, Vitalität, Kreativität, Fülle und Reichtum, Kundalini-Energie
Element: Erde

Die sieben Hauptchakren

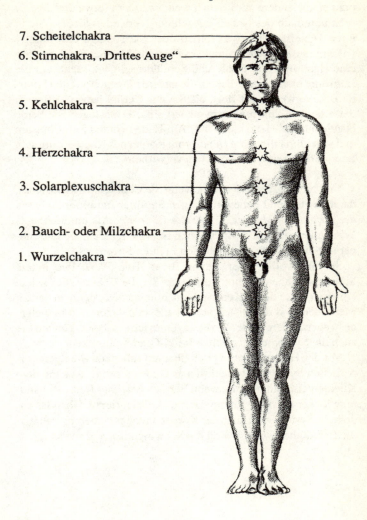

7. Scheitelchakra
6. Stirnchakra, „Drittes Auge"
5. Kehlchakra
4. Herzchakra
3. Solarplexuschakra
2. Bauch- oder Milzchakra
1. Wurzelchakra

oder Wärmegefühl. Dann lassen Sie eine Hand zu den Augenbrauen, die andere zum Bauch weiterwandern (etwa drei fingerbreit unterhalb des Nabels). Auch dort verweilen Sie, bis Sie in ihren Handflächen etwas fühlen oder Sie spontan und intuitiv wissen: diese Chakren sind harmonisiert. Als nächstes legen Sie eine Hand über die Kehle und Schilddrüse, ganz sacht, um die Luftröhre nicht einzudrücken, die andere hingegen auf den Solarplexus. Verweilen Sie dort, bis Sie das Gefühl haben, daß auch diese beiden Chakren harmonisiert sind. Dann legen Sie beide Hände auf das Herzchakra auf. Am Ende nehmen Sie behutsam und sehr allmählich Ihre Hände vom Körper des Klienten, um sein Energiefeld, seine Aura nicht zu verwirbeln.

Und bitte beachten Sie eins: wenn Sie Chakren harmonisieren, dann bewußt und liebevoll. Folgen Sie Ihrer Intuition. *Sie ist in der Erfahrung und die Erfahrung ist in ihr.* Als unmittelbares Wissen kennt sie alle psychischen Energien, indem sie untrennbar mit ihnen fließt, eingebunden in ihren Strom.

Sie sind vollkommen frei in Ihrem Tun. Wenn Ihre innere Stimme es Ihnen eingibt, verbinden Sie die Chakren bei jedem Klienten in anderer Kombination miteinander, denn in jedem Menschen sind die Disharmonien anders gelagert und brauchen deswegen andere Hilfe. Wo es angemessen erscheint, können Sie auch die Symbole des zweiten Reiki-Grades einsetzen.

Mit der Harmonisierung der Chakren schenken Sie allen körperlichen Systemen ihr natürliches Gleichgewicht. Es kann dem Klienten also nur gut tun, wenn Sie sich bei einer Reiki-Behandlung locker auf diese Energiezentren konzentrieren. Über das endokrine System wird auch der Körper davon profitieren, während die Bewußtheit wächst, weil die Schwingungsfrequenz steigt.

Centering – die Erfahrung der Mitte

Die westliche Kultur dominiert gegenwärtig die Welt. Deswegen identifiziert sich der größte Teil der Menschheit mit dem Logos, dem Verstand. Der Verstand ist die einzige uneingeschränkt anerkannte Funktion der Psyche. Seit dem 17. Jahrhundert, dem Zeitalter von Descartes also, in dem Logik und Rationalität über die Intuition endgültig die Oberhand gewannen, setzen wir unsere Persönlichkeit mehr oder weniger mit dem Verstand gleich.

Dieser Entwicklung waren bereits mehrere Jahrhunderte der Verfolgung und Ächtung der Intuition vorausgegangen. Mehr als eine Million Männer und Frauen wurden verbrannt, die alte Kultur der Wicca oder Weisen, der Heiler und Heilerinnen, Medizinfrauen und -männer der vorchristlichen Epochen fast restlos zerstört. Im frühen Mittelalter hatte das Morden begonnen, aus politischen Gründen: Mit der Ächtung und Ausrottung aller intuitiven Fähigkeiten des Menschen wollten die Würdenträger von Kirche und Staat ihre Herrschaft über die Massen endgültig sichern und festigen.

Die Intellektuellen des Rationalismus, obzwar nicht unbedingt religions- und kirchenfreundlich, übernahmen die negative Einstellung zur Intuition. Damit rückte der Verstand in den Mittelpunkt; von ihm aus wurde nun die Welt erklärt, auch nachdem die Herrschaft der Kirche gebrochen und die Erziehung nicht mehr Aufgabe der Klöster, sondern von Schulen und Universitäten war. Dies ist in unserer Zeit noch so: die intellektuelle Elite an Fachschulen und Universitäten prägt und konditioniert Kollektivpsyche und Massenkultur.

Nun, da der Verstand die Höhe seiner Entwicklung erreicht hat, sehen wir allerdings immer deutlicher, daß er nicht alle Antworten auf die schwerwiegenden Fragen bereithält, die die Menschheit bedrängen. Wollen wir die zahlreichen vor uns liegenden Herausforderungen bewältigen, müssen wir dem Verstand den richtigen Platz im Gesamtbild zuweisen. Zweifellos ist er ein nützliches Hilfsmittel, aber nicht der allein gültige Maßstab und der Kern unseres Wesens, für die wir ihn fälschlich gehalten haben. Der nächste Schritt liegt vor uns: wir müssen unsere latenten intuitiven Fähigkeiten wieder voll ausbilden.

Die Einstimmungen in den ersten und zweiten Reiki-Grad sind in dieser Hinsicht eine große Hilfe; sie schließen uns allmählich mehr und mehr intuitives Wissen auf. Regelmäßige Eigenbehandlungen werden die Entwicklung beschleunigen und konsolidieren.

In meinen Reiki-Kursen versuche ich meinen Schülerinnen und Schülern zu helfen, daß sie ihre Bewußtheit in den Hara oder das Gefühlszentrum (Milzchakra) verlagern können. Ruhen wir im Hara oder Chi-Zentrum (wie man in China das Sexualität und Gefühlsleben regulierende Chakra nennt) in unserer Mitte, so öffnet sich aus dem fließenden Gleichgewicht auch sein Gegenpol: das Dritte Auge. Wir lassen den Verstand beiseite treten, richten unsere Aufmerksamkeit auf den „Bauch", öffnen uns seiner Bewußtheit und finden wieder Zugang zu unseren Gefühlen. Haben wir im Hara unsere Mitte gefunden, brechen folglich ganz natürlich unsere intuitiven Fähigkeiten auf, die bisher im Stirnchakra unentfaltet geschlummert haben.

Dazu lehre ich eine Visualisierung, die Sie auf Band sprechen können, um sich selbst in Ihrem eigenen Tempo durch die Übung zu geleiten. Bevor Sie damit beginnen, setzen Sie sich locker mit gekreuzten Beinen auf den Boden oder aufrecht auf einen Stuhl. Die Wirbelsäule ist gerade ausgerichtet in entspanntem Gleichgewicht. Die Ohren über den Schultern und die Schultern über den Hüften bilden eine natürliche Gerade. Sie atmen ganz ruhig... und fließend... und tief; durch den Mund ein, durch die Nase aus. Langsame tiefe Atemzüge: ein,... aus,... ein,... aus,... ein,... aus... Dann beginnen Sie zu visualisieren:

Ich sehe über meinem Kopf einen wunderschönen, goldenen Lichtball in der Luft schweben, leicht,... mühelos... Er ist meine Bewußtheit, Sinnbild und Wirklichkeit. Ich atme sanft. Ich atme tief. Ich bin ganz still. Langsam dehnt er sich aus, der Ball meiner

114

Bewußtheit, wächst allmählich, groß und rund. Mit jedem Ausatmen dringt das goldene, funkelnde Licht meiner Bewußtheit weiter in den Raum hinaus. Immer noch atme ich, lang und tief.

Noch einen letzten Atemzug nehme ich und lasse den Lichtball meiner Bewußtheit sich weiten. Dann, beim Ausatmen, jedoch sehe ich ihn sich langsam, ganz langsam senken, sacht meine Schädeldecke durchdringen und mit dem purpurroten, strahlenden Licht meines Scheitelchakra vermischen. Tief atme ich in den purpur-golden schimmernden Ball meiner spirituellen Bewußtheit hinein, sehe sie sich durch die Kraft des Atems erweitern, bis sie gesättigt ist mit Wärme und Licht.

Warm ist sie, licht und leicht. Beim Ausatmen sehe ich sie ausstrahlen, ihre Funken, ihre Wellen flüssigen Lichts aussenden: das majestätische Licht meiner spirituellen Bewußtheit erleuchtet meine Mitmenschen und alle Wesen in meinem Umfeld. Und so atme ich in den purpur-golden leuchtenden Ball, lasse ihn sich ausdehnen, folge den tief berührenden Funken beim Ausatmen immer weiter in ihrer fließenden Bahn.

Langsam atme ich ein...Und dann, beim Ausatmen, sehe ich den goldenen Lichtball sich allmählich aus dem Chakra der spirituellen Bewußtheit herauslösen und sich sacht in das Stirnzentrum zwischen den Augenbrauen senken: Indigo strahlt es, das Zentrum meiner Intuition, mein Drittes Auge. Der goldene Lichtball verschmilzt, wird eins mit dem indigo strahlenden Ball des Wissens, das spontan aus dem Erleben geboren wird: das Leben selbst im Aspekt der Wissens-Soheit.

So atme ich... tief ein in den indigo-golden leuchtenden Ball, fülle ihn mit der Wärme und dem Licht des Atems. Und dann – die Einatmung ist abgeschlossen, der Punkt der Stille erreicht – atme ich ganz natürlich aus und sehe das indigo-goldene Licht die Luft um mich durchdringen. Erneute atme ich in den indigo-golden schimmernden Ball hinein.Ganz erfüllt der Atem ihn mit dem Licht meiner intuitiven Bewußtheit, bis diese überfließt, schimmernd und funkelnd die Welt übergießt. So atme ich, entrückt und doch vollkommen gegenwärtig.

Noch einmal atme ich in das indigo-golden leuchtende Chakra hinein. Während ich ausatme, sehe ich den goldenen Lichtball sich langsam aus dem indigo strahlenden Chakra herauslösen und sich behutsam zur Kehle in das sanft türkis schimmernde Energiezentrum senken. Die Lichter werden eins, erfüllen mein Zentrum der Kommunikation mit der Energie des Atems.

Wenn ich ausatme, strahle ich das Licht und die Liebe meines Kehlchakra an meine Mitmenschen aus und an alle Wesen um mich herum. So atme ich: tief und lang. Beim Einatmen füllt sich der türkis-goldene Ball mit dem Licht und der Energie meines Atems. Beim Ausatmen sehe ich das türkis-goldene Licht ausstrahlen. Jeden berührt es. Keiner ist ausgeschlossen. Alles durchdringt und benetzt es.

Nach einem letzten, langen Atemzug in den türkis-goldenen Ball, sehe ich das goldene Licht beim Ausatmen sich abermals herauslösen und sanft in das Herzchakra herabsenken, das smaragden schimmert. Die Lichter umfangen und durchdringen sich. Der goldene Ball der Bewußtheit verschmilzt mit dem smaragdenen Ball des Herzens und erfüllt mein Herz mit der Bewußtheit meiner Liebe. Ich atme ein, sacht,... allmählich... . Mein Herz füllt sich mit dem Licht und der Energie der Liebe. Dann atme ich aus: der smaragd-golden schimmernde Lichtball der Energie meiner Liebe strömt nach außen und benetzt die Welt. Die Energie meiner Liebe sendet ihre Wellen aus, weiter immer weiter, schwemmt über den Planeten, sättigt ihn mit ihrer Kraft. Natürlich läuft der Atem aus, und natürlich atme ich danach ein, spüre die Energie der Liebe mit dem Atem in mich zurückfluten. Sie erfüllt mich restlos, stärkt meine Präsenz mit dem smaragd-golden schimmernden Licht des Herzzentrums.

Nachdem ich ein letztes Mal tief in diesen Ball eingeatmet und ihn mit dem Licht der Liebe gefüllt habe, sehe ich beim Ausatmen, wie sich der goldene Ball meiner Bewußtheit langsam herauslöst und sacht in den Solarplexus herabsenkt – in mein Zentrum der Kraft und der Weisheit.

Das goldene Licht verschmilzt, wird eins mit dem strahlend

gelben Ball des Solarplexus genau unter dem Brustbein. So atme ich: langsam, sacht, mit großer Freude. Ich beobachte liebevoll, wie mein Atem den jetzt gold-gelb schimmernden Ball des Zentrums meiner Kraft und Weisheit immer weiter ausdehnt und mit der Energie der Liebe sättigt. Beim Ausatmen sehe ich das Licht gleißen: es sendet seine Strahlen der Kraft an alle Mitmenschen, an alle Wesen. Wieder atme ich tief ein, sättige das gold-gelbe Zentrum mit der Energie des Atems und fühle beim Ausatmen das Licht und die Wärme meiner Kraft und Weisheit nach außen strahlen: allen Wesen überträgt es die Kraft der Liebe.

Noch einmal atme ich lang und tief in das gold-gelbe Chakra und sehe beim Ausatmen den Lichtball sich scheiden in reines Gelb und reines Gold. Der goldene Ball aber senkt sich langsam herab in das orange leuchtende Chakra, drei fingerbreit unter dem Nabel, so daß er die Lebenskraft Chi im Milzchakra mit dem goldenen Licht meiner Bewußtheit anreichert.

Mit jedem Atemzug spüre ich den Bauch sich füllen mit dem orange-goldenen Licht meines Gefühls- und Sexualchakras während ich beim Ausatmen das Gefühl der Liebe auf alle Wesen übertrage – spontan, mühelos, ohne daß ich selbst etwas tue. Weiter atme ich langsam und tief. Ich sättige meinen Bauch mit dem Gefühl der Liebe, die ich als orange-goldenes Licht sich überallhin verbreiten lasse. So sitze ich in Stille, bin zufrieden, atme in den Bauch und fülle ihn mit der Bewußtheit der Liebe. Das orange-goldene Licht glüht beruhigend, denn meine Bewußtheit ruht nun in mir – in meiner Mitte. In Frieden sitze ich, heiter und gelassen, koste diese Bewußtheit aus, bin ganz ergriffen von ihr. So atme ich.

Dann ist der Moment gekommen: ich atme nochmals tief in den Hara und sehe beim Ausatmen das goldene Licht sich herauslösen, sich langsam zum Steißbein senken, in das rote Wurzelchakra hinab. Wenn die beiden Lichter verschmelzen und eins werden, spüre ich die Hitze des rot-goldenen Lichts mein Becken sättigen und mit dem Licht der Liebe und Fülle segnen. Beim Einatmen fühle ich das rot-goldene Licht sich mit der Bewußtheit der

Liebe erfüllen. Dieses Licht verwandelt alle Überlebensangst in die Energie von Reichtum, Fülle, Überfluß. Beim Ausatmen sehe ich das rot-goldene Licht funkelnd und gleißend in die Welt überspringen. In den Lichtwellen strahle ich meine Fülle aus und fühle beim Einatmen dieses Licht zurückkehren und mich mit dem Überfluß des SEINS beglücken.

Mit jedem Atemzug spüre ich die Energie des Reichtums und der Fülle meinen ganzen Körper durchdringen. So atme ich, spüre mit jedem Atemzug die Energie des Reichtums und der Fülle meinen Körper sättigen. Im Wurzelchakra beginnt sie. Von dort strahlt sie überallhin. Beim Ausatmen sehe ich das Licht der Liebe und der Fülle aus mir fließen.

Noch einmal atme ich ein, sehe den goldenen Lichtball sich sacht aus dem roten Wurzelchakra herauslösen und ebenso sacht nach oben gleiten, zurück zum Hara, zum orange strahlenden Licht des Zentrums meines Fühlens. Während ich ausatme, werden das orange und das goldene Licht eins.

So atme ich langsam und tief in meine Mitte, bin ganz ruhig, genieße den Frieden. Mit dem Einatmen füllt das orange-goldene Licht mein Dasein mit Liebe. Mit dem Ausatmen fallen verwirrende Emotionen von mir ab. Mit jedem Einatmen fühle ich mich tiefer verwurzelt in meiner eigenen Mitte und lasse die Kraft der Liebe meines Atems meinen Bauch durchfluten. Mit jedem Ausatmen sehe ich den orange-goldenen Lichtball der Kraft meiner Liebe ausströmen, überfließend, während beim Einatmen die Wellen der Liebe und Fülle wieder in mich zurückströmen.

Ich schaue den Frieden und die Stille in meiner Mitte, spüre, wie sich der Energiekanal öffnet, während ich mich eins fühle mit den Menschen und der Welt. Immer mehr entspanne ich mich in meiner Mitte und öffne dann langsam die Augen – sehe, wo ich bin, nehme alles wahr.

Die Übung ist so strukturiert, daß sie Ihnen auf dem Weg zu Ihrer Mitte weiterhilft. Sie lehrt Sie, aus Ihrer eigenen Mitte zu leben. Auf der Wanderung Ihrer Bewußtheit durch die Chakren stoßen

Sie vielleicht in einigen Energiezentren auf Widerstände. In diesem Fall atmen Sie am besten einige Male tief aus, um die „verstopfte Energie" auszustoßen. Haben Sie einmal Ihre Mitte gefunden und lassen Ihre Gedanken in den Hintergrund treten, können Sie auch eine verkürzte Version dieser Übung ausprobieren:

Atmen Sie zwei oder drei Mal aus und lassen Sie Ihre Bewußtheit sich in Ihren Bauch senken, während Sie sich gleichzeitig in einen Alpha-Zustand versetzen.

Damit wecken Sie sofort die beiden positiven Wirkungen der Visualisierung: die Bewußtheit der eigenen Mitte und den Alpha-Zustand.

Wissenschaftliche Untersuchungen mit und an Geistheilern haben gezeigt, daß diese aus dem Alpha-Zustand heraus zu arbeiten scheinen, den der Klient während der Behandlung in einer Art „Osmose" übernimmt. Ich ermutige meine Schülerinnen und Schüler gelegentlich zu einem Experiment: Geht in einen überfüllten Supermarkt oder in ein Kaufhaus. wo Geräusche und Stimmen durcheinander schwirren und versenkt Euch für einige Augenblicke tief in Eure Mitte.

Erstaunlich, wie schnell Ihr unmittelbares Umfeld dann ganz ruhig und friedlich wird, und das Stimmengewirr zu leisem Gemurmel abklingt. Dabei müssen wir natürlich eins bedenken: Die Alpha-Wellen beeinflussen die Menschen, nicht wir; unsere Umwelt absorbiert sie ganz automatisch. Mit anderen Worten: Im Alpha-Zustand bin ich der natürliche Kanal für die Energie, so daß sie sich auf die Menschen in meiner Nähe übertragen kann.

Erste Erfahrungen mit diesem Phänomen habe ich schon sehr früh gesammelt. Ich war damals fünfzehn oder sechzehn Jahre alt und habe alles probiert, um meine Epilepsie-Anfälle bei den ersten Anzeichen zu unterbinden. Ich habe mich damals instinktiv an die ruhigen Gehirnwellen eines Menschen in meiner Nähe „angehängt", um mich zu beruhigen, um es beim Vorgefühl zu belassen und den Anfall zu vermeiden. Ruhig fließende und harmonische Gehirnwellen scheinen also tatsächlich statische oder disharmonische Energieformen bändigen und lösen zu können.

Ihr Leben wird friedlicher verlaufen, wenn Sie sich täglich darum bemühen, Ihre eigene Mitte zu finden und sich darin zu verwurzeln. Einmal haben Sie mit neuer Gesundheit und emotionalem Gleichgewicht selbst den größten Nutzen davon, zum anderen werden Sie vielleicht die Energiefelder der Menschen in Ihrer Nähe öffnen und die natürlich heilenden Energien, die durch Sie hindurchströmen, mit ihnen teilen können.

KAPITEL 11

Reiki in Kombination mit weiteren Heilmethoden

Reiki läßt sich gut mit einer Reihe von Therapien kombinieren. Im letzten Kapitel haben wir Techniken vorgestellt, die wir bei der Reiki-Behandlung oder zusammen mit einer Eigenbehandlung anwenden können.

Eine besonders glückliche Verbindung ist Reiki und Körperarbeit. Ich kenne überall auf der Welt Massage-Therapeuten, die die Reiki-Kraft in die verschiedensten Massageformen einfließen lassen, von der klassischen Sport- und Gewebemassage zu Shiatsu, Akupressur, Jin Shin und *Trigger Point*. Die Reiki-Kraft macht auch Rolfing, Emotional Point Release und Polarity noch wirkungsvoller. Ich selbst wende häufig die folgende Kombination an:

Lassen Sie den Klienten auf dem Rücken liegen, so daß sein Gesicht nach oben gekehrt ist. Massieren Sie einige Minuten seinen Hals und Nacken und gehen dann zu einer kompletten Kopf- und Gesichtsmassage über. Im Anschluß behandeln Sie den Kopf mit der Reiki-Kraft, wobei Sie alle Handpositionen einnehmen, die Sie in der Einführung gelernt haben. Es folgt eine ausführliche Behandlung der endokrinen Drüsen, womit Sie, auf Grund der innigen Verbindung zwischen beiden Systemen, gleichzeitig die Energiezentren behandeln. Lassen Sie die Hände länger aufliegen, wo immer dies notwendig erscheint. Schließen Sie die Behandlung der Vorderseite des Körpers ab, indem Sie die Hände auf Knie und Füße auflegen.

Die Behandlung der Knie ist sehr wichtig, weil wir in ihnen die

Todesangst festhalten – die Angst des alten Selbst oder Ich vor seiner Vernichtung, die Angst vor jeder Veränderung schlechthin (vergleiche hierzu Kapitel 16 S. 160). Da wir alle in unserer Zeit, ob bewußt oder unbewußt, tiefgreifende Veränderungen durchmachen, brauchen die Knie sehr viel Energie. Auf den Füßen wiederum liegen eine Reihe von Punkten, die mit den verschiedensten Körperpartien in Verbindung stehen. Deswegen sind sie der geeignete Endpunkt für die Behandlung der Vorderseite des Körpers.

Nun tragen Sie auf den Schultern Öl auf und massieren die gesamte Vorderseite, wobei Sie sich von oben nach unten vorarbeiten. Bei den Füßen angekommen, bitten Sie den Klienten, sich auf den Bauch zu legen. Dann tragen Sie zuerst auf die Rückseite von Füßen und Beinen und schließlich auch auf den Rücken Öl auf. Nach Abschluß der Massage behandeln Sie die gesamte Rückseite des Körpers mit der Reiki-Kraft und lassen die Sitzung mit der Harmonisierung der Wirbelsäule ausklingen.

Dies ist nur eine von vielen Kombinationen. Folgen Sie Ihrer Intuition, dann werden Sie unzählige Verbindungsmöglichkeiten von Reiki und Massage entdecken.

Auch in der allopathischen Medizin läßt sich die Reiki-Kraft einsetzen. Beim Palpieren von Tumoren zum Beispiel kann der Arzt über die Reiki-Kraft spüren, wo die heilende Energie besonders stark eingezogen wird, was ihm Hinweise auf die Diagnose geben mag, während die heilende Energie bereits auf die Krankheit einwirkt. Reiki lindert beim Einrichten von Knochenbrüchen den Schmerz und beschleunigt die Heilung. Selbst der Kinderarzt kann es nutzen. Das wachsende Interesse der Ärzteschaft an dieser Kraft läßt sich also, wie wir hier sehen, leicht aus ihrer vielseitigen Anwendbarkeit erklären.

Die Reiki-Kraft erhöht die Wirkkraft von Medikamenten, und natürlich verstärkt sie das gewöhnliche Handauflegen, das Dolores Krieger mit ihrem *Therapeutic Touch* in den Vereinigten Staaten auch in medizinischen Kreisen wieder populär gemacht hat.

Krankenschwestern mögen Reiki: weil sie an alternativen Heilmethoden Interesse haben, die den persönlichen Kontakt zum Patienten fördern, und weil sie die Regeneration gern vorantreiben möchten. Auf der Intensivstation kann jeder von einer Reiki-Behandlung profitieren, ganz gleich ob Neugeborenes, Kind oder Erwachsener. Und selbstverständlich trösten und erquicken die Berührung und die Energie den Kranken.

Reiki unterstützt alle Naturheilverfahren, ayurvedischen und homöopathischen Behandlungen, potenziert Arzneien, Kräuter und Medikamente. Auch beim Heilfasten läßt es sich wunderbar einsetzen.

Heilfasten ist eine sehr alte Methode. Zu allen Zeiten hat man damit eine Vielzahl von Krankheiten kuriert: Arthritis, Asthma, Hautausschläge, Bluthochdruck, Verdauungsbeschwerden, Nieren- und Lebererkrankungen. An den meisten seiner Krankheiten ist der Mensch selbst schuld: weil er zuviel ißt, nicht das richtige ißt und sich nicht ausreichend bewegt, den Körper nicht fordert. Physische Trägheit, seelische Teilnahmslosigkeit und schweres Essen sind ein sicherer Weg in die Selbstvergiftung, vor allem wenn alle drei Faktoren zusammenkommen.

Inaktive Drüsen und schleppender Stoffwechsel lösen dann gemeinsam mit der durch die Anhäufung toxischer Stoffe in Zellen und Geweben bedingten Schwächung der Ausscheidungsorgane die Krankheit aus. So ist rheumatische Arthritis zum Beispiel die Folge der Harnsäurekristalle und mineralischen Abfallprodukte, die sich in Gelenken und weichen Geweben abgelagert haben. Stoffwechselreste in Arterien und Blutgefäßen führen zu Bluthochdruck und Streß. In allen solchen Fällen hilft Heilfasten. Es beschleunigt die Ausscheidung alter Schlacken.

Am dritten Fastentag setzt der Selbstverdauungsprozeß ein, denn der Körper beginnt nach zweiundsiebzig Stunden ohne Nahrung seine eigenen Schlacken zu verdauen. Als erstes werden dabei grundsätzlich unnötig im Körper gespeicherte Toxine verarbeitet (Zysten, Tumore, Mineralienreste und so weiter). Es folgt die Verdauung überflüssiger Fettgewebe.

Gewöhnlich lassen nach dem dritten Tag auch das Hunger- und leichte Schwindelgefühl nach, sowie andere mit dem Fastenbeginn verbundene Schwächen. Skandinavische Ärzte sind auch heute noch stark von der Naturheilkunde beeinflußt. Sie verschreiben ihren Patienten häufig Fastenkuren von sieben bis sechzig Tagen, oft mit beeindruckenden Erfolgen. Bei stark angegriffenen Patienten geht dem eigentlichen Fasten allerdings eine Phase des Aufbaus mit kräftigender Diät voraus.

Heilfasten ist nicht gleich Heilfasten; die Methoden variieren. Bei einigen nimmt der Patient nur Wasser zu sich, während andere Frucht- und Gemüsesäfte und -brühen miteinander kombinieren. Bei einer Methode wird sogar wasserverdünnter Zitronensaft mit Ahornsirup und Cayenne-Pfeffer verabreicht. Der Schlüssel zum erfolgreichen Fasten sind frische Früchte und Gemüse, die wir am besten unmittelbar vor dem Genuß zu Saft verarbeiten, damit wir lebende, rohe Enzyme aufnehmen können.

Die Max Gerson-Methode hat sich heute zur anerkannten Krebsbehandlung gemausert. Ursprünglich angelegt war sie in den zwanziger und dreißiger Jahren auf die Tuberkulosetherapie. Die Methode baut darauf auf, daß rohe, lebende Nahrung den Körper reinigt und das Immunsystem auf natürliche Weise kräftigt. Albert Schweitzer hatte eine sehr hohe Meinung von der Methode, weil sie seine Frau von schwerer Krankheit heilte.

Beim Fasten müssen wir einige Regeln beachten: Wir müssen viel trinken und täglich mehrere Einläufe vornehmen, damit sich keine toxischen Stoffe in den Därmen festsetzen können. Nach drei Fastentagen beinhalten die Därme zumeist nicht mehr genügend feste Fäkalienrückstände. Die Darmbewegung setzt aus, obwohl sich immer noch Giftstoffe in den Därmen aufhalten. Wir müssen die Därme also auf andere Weise reinigen, um an unseren eigenen Giften nicht Schaden zu leiden.

Ich rate Ihnen, sich von einem an Naturheilverfahren interessierten Arzt beraten zu lassen, wenn Sie sich zum ersten Mal an einem Heilfasten versuchen möchten. Es gibt auch eine ganze Reihe von Büchern zu diesem Thema, die Ihnen sagen können, wie

Sie fasten und wie Sie das Fasten beenden sollten, um Ihrer Gesundheit zu nutzen, anstatt ihr durch falsches Vorgehen zu schaden.

Die Reiki-Kraft unterstützt jede Art von Heilfasten optimal. Sie dämpft die unangenehmen Begleiterscheinungen, die sich in den ersten drei Tagen vielleicht einstellen, und stärkt darüber hinaus über die Lebenskraft das Immunsystem, wie sie die Ausscheidung beschleunigt. Wer sich auf natürliche Weise selbst heilen möchte, sollte eine Fastenperiode in Verbindung mit Reiki-Behandlungen als wirkungsvolle Alternative in seine Erwägungen einbeziehen.

Nun mag Heilfasten den Körper entschlacken und die Toxine mobilisieren, von negativen Emotionen befreien kann es uns nicht. Diese Befreiung suchen wir jedoch. Wir müssen auch unsere Gefühle entschlacken, nicht nur den Körper.

Streß und Verspannung setzen sich im Körper fest und zwingen ihm mit den Jahren ihre Gestalt auf (vergleiche Kapitel 16), so daß unsere Persönlichkeit in eine bestimmte Form, eine Schablone gepreßt wird. Mit der Unterwerfung unter fortwährenden emotionalen Streß unterwerfen wir uns negativen Reaktionen, die bald zu Mustern erstarren und uns zur zweiten Haut werden.

Dagegen hilft eine Bewußtseinstechnik, die in den letzten fünfzehn Jahren entstanden ist, denn sie weicht Verhaltensstrukturen auf, die bis in das Geburtstrauma zurückreichen. Ich spreche von Rebirthing. Leonard Orr hat es in den frühen siebziger Jahren entdeckt und ihm eine Form gegeben.

Rebirthing findet zumeist in einer Whirlpool-Wanne statt. Das Wasser sollte körperwarm sein, so daß es in tiefen Bewußtseinsschichten die Erinnerung an den Mutterleib wachruft. Während der Klient in der Wanne sitzt, führt der Rebirther ihn in ein entspanntes rhythmisches Atmen hinein, in dem Ein- und Ausatmung sich ununterbrochen aneinanderreihen wie die Glieder einer Kette. Geatmet wird nicht mit dem Zwerchfell, sondern mit Lunge und Brustkorb, je nach Wahl durch Nase oder Mund. Das spielt keine Rolle. Auf jeden Fall aber wird diese Art der Atmung die Körperenergie aufrühren, und das soll sie ja auch.

Während des Rebirthing kribbelt und zittert gelegentlich der ganze Körper. Manchmal versteifen sich die Hände, weil lang angesammelte Verspannungen sich plötzlich lösen und der Körper sich unbewußt dem ungewohnten Energiestrom widersetzt. Der Widerstand zeigt an, daß viel Traurigkeit nach oben drängt, die wir fühlen und loslassen müssen. Während wir rhythmisch weiteratmen, kommen und gehen verschiedene körperliche Symptome in schneller Folge. Der Rebirther hilft uns dabei, jeden negativen Gedanken, der dabei auftauchen mag, in einen positiven Gedanken zu transformieren.

Mit einer Rebirthing-Sitzung ist es sicher nicht getan. Wahrscheinlich müssen Sie sich in mehreren Sitzungen schrittweise zur sogenannten Atembefreiung vorarbeiten. Mit Atembefreiung beschreibt Leonard Orr den entscheidenden therapeutischen Durchbruch im Rebirthing, jenen Augenblick, in dem Sie den ersten Atemzug Ihres Lebens wiedererfahren. Die Atembefreiung setzt unermeßliche Heilkräfte in unserer psychophysischen Verkörperung frei, weil nun der Schaden behoben ist, den der Atem gleich im Augenblick der Geburt nahm. Sie atmen wieder frei, und frei leben Sie.

Mancher mag durch das rhythmische Atmen des Rebirthing sogar in ein vergangenes Leben zurückgeführt werden. Dafür ist unerheblich, weil eine akademische Frage, ob wir tatsächlich früher schon einmal gelebt haben oder nicht. Wie wir diese Erinnerungen auch definieren mögen, sie existieren tatsächlich. Daran zumindest ist nicht zu zweifeln. Erklärungen mag es viele geben. Allein wichtig ist die kathartische Wirkung dieser „Geschichten". Sie helfen uns längst verschüttete Emotionen noch einmal bewußt zu durchleben und loszulassen und sie zeigen, warum wir uns in bestimmten Situationen in unserem gegenwärtigen Leben immer wieder unangemessen verhalten.

Viele kleine und große Schwierigkeiten unseres Lebens sind an Bilder und Empfindungen aus vergangenen Leben geknüpft. Kummer und Sorgen verschwinden, wenn wir sie in uns wachrufen und nochmals erfahren.

Nehmen wir an, Sie können nicht lieben, wie Sie lieben

möchten, sich Ihrem Partner im Alltag nicht geben, nicht mit ihm reden und kämpfen und sich versöhnen. In diesem Fall mag eine Rückführung über rhythmisches Atmen Sie in ähnliche Bilder und Szenen aus einem vergangenen Leben versetzen. Indem Sie sie wiedererleben, können Sie sich jedoch von ihnen befreien und sie transformieren.

Auch sehen Sie Ihre Lebensprobleme nun mit anderen Augen. Sie verstehen, wie die Konditionierungen eines früheren Lebens Ihr heutiges Verhalten mitbestimmen, Sie immer wieder in bestimmte Situationen hineinmanövrieren.

Als ich selbst zum ersten Mal Rebirthing ausprobierte, tat ich es mit einer klaren Absicht. Ich wollte meine ersten Lebensjahre wiedererfahren, denn bei früheren Rückführungen unter Hypnose hatte ich mich einfach nicht an Dinge und Geschehnisse aus meinen ersten beiden Lebensjahren erinnern können. Es war wie verhext, eine Mauer, die ich nicht durchbrechen konnte. Und ich wollte doch so gern meine Geburt und meine ersten Lebensmonate wiedererleben. Da geschah beim Rebirthing das Unerwartete: ich glitt in ein vergangenes Leben hinüber, zurück zum 6. August 1945, zurück nach Hiroshima, zurück zum Augenblick der Explosion. So traumatisierend bis in die tiefsten Schichten der Psyche diese Erfahrung gewesen war, so viele damit verbundene Emotionen brachen nun zur Oberfläche meines Bewußtseins durch. Ich war wie aufgewühlt. Danach jedoch konnte ich vieles besser verstehen: warum ich dem Leben so und nicht anders begegne, warum ich, besonders in jungen Jahren, viel krank gewesen bin und warum ich diese und nicht jene Krankheiten bekam. Ich verstand auch, daß ich jenes Leben gewählt und die Atombombenexplosion miterlebt hatte, weil ich daraus lernen wollte. Mit dem nochmaligen Durchleben jenes Todes hatte ich auch das Wissen wiederentdeckt, das er mir vermittelt hatte. Es hat mir die Kraft gegeben, der Gegenwart vertrauensvoller und der Zukunft hoffnungsvoller zu begegnen.

Ich habe mit Rebirthing sehr gute Erfahrungen gemacht. Sie haben mich befähigt, lange und tief verschüttete Emotionen bewußt zu erleben und loszulassen. Meine Seele war wieder rein und offen für neue, positive Angebote des Lebens. Auch hat es mir geholfen, meine Motive besser zu durchschauen und zu begreifen, warum ich auf bestimmte Situationen immer mit einem ganz bestimmten Verhalten zu reagieren pflegte.

Rebirthing ist an sich bereits eine sehr bedeutende Form der Heilung von Körper und Geist. Zusammen mit Reiki angewandt, zeitigt es vorher fast unvorstellbar scheinende positive Veränderungen. Ich will Ihnen dazu von einem Fall berichten.

Auf einer Workshop-Reise im Ausland sprach mich ein junger Mann an, der sehr stark stotterte. Er fragte mich, ob ich ihn behandeln könnte. Mein erster Gedanke war, ihm eine Einführung in die Reiki-Kraft und nachfolgend regelmäßige Eigenbehandlungen zu empfehlen. Aber da meldete sich meine innere Stimme und ermutigte mich, ihm direkt zu helfen. Wir vereinbarten einen Termin. Er kam zu einer Reiki-Behandlung, und ich legte meine Hände in den vorgeschriebenen Positionen auf seinen Kopf auf. Als ich die Hände dann auf sein Kehlchakra auflegte, kam es zum Spasmus; Arme und Hände zuckten krampfhaft. Sein Körper wand sich unter den Konvulsionen heftiger Energieschübe, und ich erkannte intuitiv, daß ich ihn nun in ein bewußtes rhythmisches Atmen hineinführen mußte. Bei diesem Atmen steigerte sich das Tempo seiner unwillkürlichen Bewegungen und er zeigte Reaktionen, die in der Bioenergetik häufig zu beobachten sind. Nachdem dieser Prozeß natürlich verebbt war, erinnerte sich der junge Mann plötzlich an einen Vorfall aus einem vergangenen Leben, der unmittelbar mit seinem Stottern zusammenhing. Am Ende unserer Sitzung hatte er zwar nicht aufgehört zu stottern, sein Stottern war jedoch merklich schwächer geworden. Er fühlte sich befreit, eine große seelische Erleichterung. Ich gab ihm einige Visualisierungsübungen, mit denen er weiter an sich arbeiten sollte, sowie eine Reihe von Affirmationen, um sich endgültig von den seelischen Strukturen zu lösen, die das Stottern zwanghaft hervorgerufen hatten. Ein paar Tage später sah ich ihn wieder. Er redete bereits viel flüssiger. Da er bereit war, seine Heilung selbst aktiv zu fördern, veränderte die Kombination von Reiki und Rebirthing sein Leben. Wer ähnliche Bereitschaft aufbringt, wird mit der Kombination von Reiki und Rebirthing auch ähnliche Erfahrungen machen. Er wird erfahren, wie gut diese Bewußtseinstechniken bei der Heilung von Körper und Seele zusammenwirken.

Auch viele andere Therapien lassen sich gemeinsam mit der Reiki-Kraft anwenden. Seien Sie experimentierfreudig. Setzen Sie Reiki in Ihrem Spezialgebiet ein. Vielleicht wird die Reiki-Kraft Sie darin bestärken, Ihre ganz persönliche Form des Heilens zu entdecken.

Der Bach der Tränen
klärt den Tümpel des Bedauerns.
Nari

*Der Wind der Unendlichkeit weht
durch Herz, Körper und Seele,
schenkt mir den Atem
des Neubeginns.*
       Nari

KAPITEL 12

Die Gruppenbehandlung

In der Gruppenbehandlung können wir die Reiki-Kraft mit Freunden teilen. Das ist ein schönes Erlebnis. Ich kann es jedem empfehlen. Gruppenbehandlungen sind gewöhnlich kürzer als eine normale Behandlung, weil ja gleichzeitig mehrere Menschen den Körper Lebensenergie einziehen lassen. Außerdem sind Gruppenbehandlungen ein Genuß. Wie wunderbar, zehn oder zwölf Hände auf dem Körper zu spüren! Da mehrere geöffnete Kanäle daran beteiligt sind, fließt die Reiki-Kraft noch intensiver als in der Einzelbehandlung.

Während der Einführung in den ersten Grad lehre ich sehr bald die Gruppenbehandlung:

Dazu stellen wir sechs Stühle um einen Massagetisch (oder einen Tisch von vergleichbarer Größe, mit Decken oder Kissen gepolstert). Ein Stuhl steht am Kopf-, ein anderer am Fußende; zwei Stühle stehen auf jeder Seite. Das heißt, wir brauchen sieben Teilnehmer: einer auf dem Tisch und sechs, die ihn behandeln. Der Teilnehmer am Kopf übernimmt die Führung. Er gibt die Handpositionen vor, und die anderen folgen seinem Beispiel.

Ich halte die erste Behandlung grundsätzlich sehr kurz. Jeder Teilnehmer darf einmal auf dem Tisch liegen und sich zehn Minuten von der Reiki-Kraft der Gruppe behandeln lassen (Rücken und Vorderseite jeweils fünf Minuten). Während dieser zehnminütigen Behandlung führt jeder der Behandelnden mit seinen Händen drei Reiki-Positionen aus. Wenn der Teilnehmer am Kopf die Position wechselt, folgen die anderen seinem Beispiel.

Nach Abschluß der Behandlung legt sich ein anderer auf den

Tisch und die Behandelnden spielen „Reise nach Jerusalem": sie rücken gegen den Uhrzeigersinn auf den nächsten Stuhl vor.

So bekommt jeder die Gelegenheit, verschiedene Stellen am Körper zu behandeln, wie er auch feststellen kann, daß sich jeder Körper anders anfühlt. Da wir bei dieser ersten Gruppenbehandlung die Hände jeweils nur 1 1/2 Minuten in einer Position aufliegen lassen, werden die Teilnehmer wahrscheinlich merken, daß nicht jede Stelle am Körper genug Energie abbekommt, denn sie zieht vielleicht auch bei Veränderung der Handposition noch Energie ein.

Am nächsten Tag werden Sie dann eine andere Erfahrung machen. Bei der einstündigen Partnerübung werden Sie spüren, daß die verschiedenen Körperstellen bei der Behandlung sich verschieden heiß anfühlen. Die erste Schnellbehandlung hingegen vermittelt ein erstes kinästhetisches Gespür für den Körper. Die Kommentare und Beobachtungen der anderen Teilnehmer werden Ihre Erfahrung bestätigen und klären. Sie bekommen bestätigt, daß Ihre Hände sich erhitzen, wann immer große Energiemengen eingezogen werden, und lernen durch diese Bestätigung, an Ihre eigene Erfahrung zu glauben.

Ist das kinästhetische Gespür nach der ersten Behandlung gewachsen, lasse ich für die nächste Gruppenbehandlung mehr Zeit. Sie können die Hände dann drei bis fünf Minuten oder nach Wunsch auch länger in einer Reiki-Position aufliegen lassen, bevor Sie zur nächsten weitergehen.

Gruppenbehandlungen sind äußerst heilwirksam, vor allem bei schweren Krankheiten wie Krebs oder AIDS. So hat die Reiki-Alliance 1987 in Santa Fé in New Mexico *La Casa de Corazon* (das „Haus des offenen Herzens") gegründet, wo man sich auf die Behandlung von AIDS-Kranken konzentriert. Hauptziel ist, den Zustand der Klienten zu stabilisieren, was man mit zwei bis drei Gruppen- oder Individualbehandlungen pro Tag zu erreichen versucht. *La Casa de Corazon* könnte ein Ansporn sein, ähnliche Gruppen zu bilden. Reiki-Heilerinnen und -Heiler könnten sich überall zu Behandlungsgruppen für Krebs- und AIDS-Kranke zusammenschließen. Wo immer die Krankenhäuser die direkte Behandlung mit Handauflegen erlauben, sollten die Gruppen diese Chance nützen. Wo dies nicht geht, sind zumindest Fernheilungen über die Techniken des zweiten Grades möglich.

Gruppenbehandlungen mit den Techniken des zweiten Grades können vielen Zielen dienen; sie müssen sich nicht auf die Behandlung eines einzelnen Menschen beschränken. Wir können mit ihnen Gedankenwellen des Friedens in die Kriegsschauplätze der Erde ausstrahlen lassen, oder die Reiki-Kraft von einem Katastrophengebiet einziehen lassen. Wir können die Ozonschicht an ihren heilenden Energien partizipieren lassen. Sie sehen, die Reiki-Kraft hat so viele verschiedene Anwendungsmöglichkeiten, wie es Probleme auf der Welt gibt. Sie mag der Erde helfen, sich selbst zu heilen. Wie bitter notwendig dies ist, weiß mittlerweile jeder. Die Erde braucht unsere Aufmerksamkeit, und wir können ihr auch helfen: indem wir uns der Reiki-Kraft öffnen und ein Reiki-Kanal werden.

Unser Planet gibt uns alles, was wir brauchen. Wir können uns mit unserer Öffnung für die universale Lebensenergie des Reiki für seine Fülle erkenntlich zeigen. Wir alle profitieren von der Heilung, ganz gleich ob unsere Gruppenbehandlung einem Menschen gilt, einer bestimmten Krisenregion der Erde oder dem ganzen Erdball. Damit der einzelne ganz und in tieferem Sinne gesund sein kann, müssen alle und alles gesund sein – eine Wahrheit, die auch in der Umkehrung wahr bleibt: Damit wir alle ganz und in tieferem Sinne gesund sein können, muß jeder einzelne, muß jedes Wesen heil und gesund sein. Die Länder des Ostens haben das Ziel über den ersten Weg, das Gleichgewicht des einzelnen über die Harmonie der Gruppe zu erreichen versucht. Die Länder des Westens haben den zweiten Weg gewählt und die Entwicklung des einzelnen in den Mittelpunkt gestellt. Beide Wege sind auf ihre Weise richtig. Reiki kann sie miteinander versöhnen.

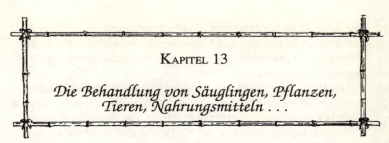

KAPITEL 13

Die Behandlung von Säuglingen, Pflanzen, Tieren, Nahrungsmitteln ...

Schwangere lassen sich sehr gern mit Reiki behandeln, weil seine Kraft ihre kleineren und größeren Beschwerden lindert, in den ersten drei Monaten das Unwohlsein am Morgen und später die Kreuzschmerzen. Auch die von der kräftigeren Hormonausschüttung bedingten Stimmungsschwankungen gleichen sich aus. Dem Baby selbst scheint Reiki ebenfalls zu gefallen.

Ich habe meine Schwester während ihrer Schwangerschaft regelmäßig mit Reiki behandelt. Die Behandlungen schienen das Ungeborene zu beleben, denn es begann im Mutterleib zu strampeln und mit den Ellbogen zu stoßen. Auch veränderte es in ihrem Verlauf fortwährend seine Lage, zumindest so lange dafür noch Platz war. Schließlich haben wir meine Schwester während der Entbindung und meine Nichte unmittelbar nach ihrer Geburt mit der Reiki-Kraft behandelt.

Wer gerne gärtnert, wird bald feststellen, wie gern die Pflanzen seine Reiki-Behandlungen mögen. Vor dem Einpflanzen behandelte Samen entwickeln sich zu gesünderen und kräftigeren Gewächsen als unbehandelte Samen. Halten Sie sie einfach zwischen den Handflächen, bis sie die Energie eingezogen haben, die sie brauchen. Keimlinge können Sie behandeln, indem Sie die Hände darüber halten. Die regelmäßige Behandlung Ihres Gemüsegartens wird Sie mit einer Fülle gesunder, kraftvoller Pflanzen belohnen. Blumen und Büsche profitieren nicht weniger sichtbar von der Reiki-Kraft: sie tragen mehr Blüten und wachsen rascher. Topfpflanzen im Zimmer gedeihen und Schnittblumen welken nicht so schnell wie gewöhnlich.

Über das geheime Leben der Pflanzen ist schon viel geschrieben worden. Man hat wissenschaftlich untersucht, wie Pflanzen auf unsere Gefühle und auf Musik reagieren. Man hat entdeckt, daß man eine gesunde und kräftige Pflanze erhält, wenn man sie nur regelmäßig anspricht.

Der Erfolg der Findhorn-Gemeinschaft in Nordschottland ist in dieser Hinsicht beispielhaft und mittlerweile in der ganzen Welt bekannt. Auf einem kahlen, häufig von Stürmen heimgesuchten Küstenstreifen hat die Findhorn-Gemeinschaft auf unfruchtbarem Boden einen wahren Paradies-Garten entstehen lassen. Die Menschen von Findhorn haben das Unmögliche geleistet, scheinbar unüberwindbare Hindernisse überwunden und reiches Wachstum geschaffen, wo auf Grund der Bodenbeschaffenheit eigentlich keine Pflanzen wachsen dürften. Ihr Erfolg beruht auf zwei Geheimnissen: sie haben sich von Naturgeistern helfen lassen und gelernt, mit ihrer Umwelt harmonisch zusammenzuleben. Wir können aus dem Beispiel Findhorns und ähnlicher Gemeinschaften vor allem eines lernen: Wir können auf der Erde und für sie nur dann scheinbar Unmögliches vollbringen, wenn wir mit den helfenden Naturgeistern zu kommunizieren lernen.

Die Einstimmungen des zweiten Reiki-Grades sind dazu ein Schlüssel. Und warum sollten wir ihn nicht benützen? Also: setzen Sie ihn ein, nehmen Sie Verbindung auf mit den Elementargeistern verschiedener Pflanzen, um sie bei ihrer Arbeit auf unserer Erde zu unterstützen. Im Zusammenwirken von Menschen und Naturgeistern könnten wir auf diesem Weg vielleicht das ökologische Gleichgewicht wiederfinden und die Erde erneuern.

Tiere lieben die Berührung mit der Reiki-Kraft, und werden im Verlauf einer Reiki-Behandlung zumeist immer ruhiger. Nur sehr selten werden Sie einmal ein Tier treffen, das die Reiki-Kraft ablehnt. Und dies müssen Sie respektieren. Im allgemeinen jedoch haben Tiere den gleichen Nutzen von einer Behandlung wie der Mensch. Demnach scheinen Glaube und Weltbild für den Heilvorgang unwichtig zu sein; zumindest könnten wir dies annehmen, wenn selbst Tiere auf die Reiki-Kraft ansprechen. Damit möchte ich allerdings nicht ausschließen, daß Sie eher wieder gesund werden, wenn Sie daran glauben, davon fest überzeugt sind.

Die Tiere sind anatomisch ähnlich gebaut wie der Mensch. Wenn Sie an einem Tier ein bestimmtes Organ heilen möchten, brauchen Sie also nur von der Lage dieses Organs in Ihrem eigenen Körper auszugehen. Achten Sie wie bei jeder Behandlung vor allem auf Körperstellen, die besonders viel Energie einziehen. Ich empfehle Ihnen ferner, die endokrinen Drüsen des Tieres zu behandeln, wo immer dies möglich ist.

Ein ruheloses, aufgeregtes Tier können Sie die Reiki-Kraft über eine Fernbehandlung einziehen lassen; dies gilt auch für Tiere, die zu berühren gefährlich scheint. Vielleicht läßt sich das Tier beruhigen. Streicheln Sie es; sprechen Sie es liebevoll an. Alles in allem werden Sie sehen, daß Reiki für die Gesundheit ihrer Haustiere eine große Hilfe darstellt.

Sie können mit der Reiki-Kraft alle möglichen Gegenstände und Objekte energetisch aufladen und reinigen. Kristalle haben wir in diesem Zusammenhang schon an anderer Stelle ausführlich erwähnt. Mit Edelsteinen und Schmuckstücken können Sie ähnlich verfahren. Was meinen Sie? Dies klingt zu weit hergeholt? Bedenken Sie, daß alle Materie eigentlich Schwingung ist – Schwingung von verschiedener Dichte und Frequenz. Was es auf der physischen Ebene auch an Dingen und Wesen geben mag, sie alle verkörpern die universale Lebenskraft, nur eben auf verschiedenen Stufen der Entwicklung.

Da alle Materie eigentlich Schwingung ist, kann die Reiki-Kraft sie überall durchdringen, ähnlich den feinstofflichen Ebenen Ihrer Verkörperung, die weit in Ihr Umfeld hinausreichen und es durchdringen. Wenden Sie diese Wahrheit nutzbringend an, wenn Sie das nächste Mal ein Hotelzimmer betreten, das Ihnen mit negativer Energie gefüllt scheint: reinigen Sie mit der Reiki-Kraft die Atmosphäre.

Sie können mit der Reiki-Kraft selbst die alltäglichsten Dinge behandeln: Autos, Motorboote, Segelboote, was Sie nur wollen. Alle diese Dinge absorbieren die feinstoffliche Energie ihres Besitzers und reagieren auf seine Stimmungen und Launen. Vielleicht ist Ihnen auch bereits aufgefallen, daß Ihr Wagen eher zu einer Panne neigt, und die Segel am Boot leichter reißen, wenn Sie selbst in einem Energie-Tief stecken? Für Segler und Seeleute hat das Schiff eine Persönlichkeit; sie betrachten es eher als eigenständiges Wesen denn als Ding. Maschinen und Apparate, die wir häufig benutzen, spiegeln unsere Verfassung wider, denn mit der Zeit haben sie unsere Schwingungen absorbiert, sich mit unserer Energie vollgesaugt. Unserer Anima werden sie zum Animus oder unserem Animus zur Anima. Jede Disharmonie zwischen uns und den täglichen Gebrauchsgegenständen ist eine stumme Aufforderung zu einigen Reiki-Behandlungen. Sie bewahren uns vor unerwünschten Pannen und mechanischen Störungen.

Wir wollen dieses Kapitel mit einer besonders wichtigen Feststellung beschließen: Die Reiki-Behandlung erhöht den Nährwert aller Speisen. In den meisten Ländern der Erde essen die Menschen wesentlich mehr gekochte oder „tote" als rohe Speisen. Die Ernährung des durchschnittlichen Nordamerikaners zum Beispiel besteht zu 75% aus gekochten und nur zu 25% aus rohen Speisen. Wo das Verhältnis umgekehrt ist, gibt es überdurchschnittlich viele Hundertjährige: in Teilen der UdSSR, Bulgariens, Mexikos und dem Tal der Hunza in Pakistan. Dort besteht die Diät im Durchschnitt zu 73% Prozent aus rohen und nur zu 27% aus gekochten Speisen. Rohe Speisen geben uns die lebenden Enzyme, die den Körper jung und gesund erhalten; außerdem beugen sie den typischen Verfallserscheinungen und damit vorzeitigem Altern vor. Rohkost macht also gesund; zumindest ist sie für die Gesundheit ein wichtiger Faktor.

Natürlich können Sie aus verschiedenen Gründen einmal in die Lage kommen, daß Sie nicht genügend rohe, lebende Speisen erhalten. In diesem Fall sollten Sie Ihre Nahrung mit der Reiki-Kraft behandeln und auf diese Weise mit universaler Lebensenergie sättigen. Halten Sie vor dem Essen Ihre Hände über den Teller und behandeln Sie nach der Mahlzeit zur Förderung der Verdauung Ihren Bauch.

Noch einmal: Alle Materie ist universale Lebensenergie, allerdings je nach Dichte mit ganz unterschiedlicher Frequenz schwingend. In der Reiki-Kraft ist diese gebündelt, deswegen intensiv. Und aus diesem Grund können Sie mit der Reiki-Kraft neben Lebewesen auch "undurchlässige" Materie mit neuer Energie aufladen. Lassen Sie Ihrer Phantasie freien Lauf und gestatten Sie Ihrer Intuition, die wahrhaft unendlichen Möglichkeiten zu erkunden.

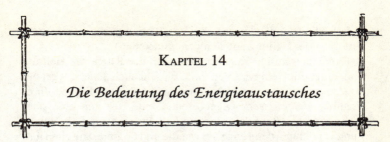

KAPITEL 14

Die Bedeutung des Energieaustausches

Die Erfahrungen im Bettler-Viertel von Kyoto hatten Dr. Usui gelehrt, daß der Heiler für seinen Zeitaufwand durch einen Energieaustausch entschädigt werden muß. Viele Jahre hatte er das Geheimnis der Wunderheilungen zu ergründen versucht. Als er sie schließlich selbst vollbringen konnte, war sein erster Gedanke, ins Bettler-Viertel zu ziehen wie ein guter Christ und den Armen zu helfen. Es war sein erklärter Wunsch, aus Bettlern wieder verantwortungsbewußte Bürger zu machen, und ihnen genügend Kraft zu geben, daß sie eine Arbeit annehmen und für ihren Unterhalt aufkommen konnten. Mit der Zeit mußte er jedoch entdecken, daß viele wieder ins Bettler-Viertel zurückkehrten, nachdem sie ein wenig vom Leben in der Welt gekostet und dabei ihre Abneigung gegen jede Art von Eigenverantwortlichkeit entdeckt hatten. Mit ihrem Verhalten zeigten sie, daß sie Dr. Usuis Hilfe nicht zu schätzen wußten. Und er hatte mit der kostenlosen Vergabe seiner Heilungen obendrein die Bettlermentalität in ihnen verstärkt. Um die Gabe der Heilung wirklich würdigen zu können, müssen die Menschen etwas dafür geben.

In Kapitel 5 haben wir dargestellt, welche Schlußfolgerungen Dr. Usui daraus zog und fortan als Lebensregeln beherzigte. 1.: Wer Heilung wünscht, sollte um Heilung bitten. (Es kann nicht Aufgabe des Heilers sein, seine Hilfe aufzudrängen, wo die Heilung gar nicht gewünscht wird.) Und 2.: Für seinen Zeitaufwand sollte der Heiler mit einem Energieaustausch entschädigt werden. (Wir dürfen die Menschen nicht zu Schuldnern machen. Wenn er seine Energie in irgend einer Form mit uns austauscht, befreit sich der Klient aus der Verpflichtung, die er mit dem Empfang der Heilung auf sich genommen hat.)

Energieaustausch bedeutet nicht, daß der Klient die Heilung unbedingt mit Geld bezahlen muß. Es geht auch anders. Aber ein Austausch muß es sein. Nehmen wir an, ein Mitglied Ihrer Familie oder ein sehr enger Freund bittet Sie um eine oder mehrere Behandlungen. In diesem Fall dürfen Sie auf die Belohnung verzichten, denn enge Verwandte und Freunde tauschen ihre Energien ohnehin ununterbrochen aus.

Wie Sie vor einer Behandlung den Klienten darum bitten, Ihnen von seiner Energie zu geben, bitten Sie auch für Ihre Einführungen in die Reiki-Kraft um einen angemessenen Energieaustausch. Von meinen Schülerinnen und Schülern zum Beispiel wünsche ich mir, daß sie für die Reiki-Kraft bereit und überdies willig sind, sie sich zu verdienen.

Das ist wichtig: Der Schüler muß die Reiki-Kraft zu schätzen wissen und auf ihre Segnungen vorbereitet sein. Die Erfahrungen von Dr. Usui im Bettler-Viertel von Kyoto gelten auch heute noch. Nachdem er dort viele Menschen trotz zeitweiliger Heilung in ihre alten Geleise zurückfallen gesehen hatte, suchte sich Dr. Usui neue Schüler, die an einer echten Transformation interessiert waren und auch die innere Kraft dazu besaßen.

Auch Jesus hat davor gewarnt, „die Perlen vor die Säue zu werfen". Verschwenden Sie deswegen nicht wertvolle Zeit und geben Sie nicht von Ihrem Wissen oder Ihrer Energie, wenn Sie sehen, daß Ihr Gegenüber weder wirklich daran interessiert noch innerlich darauf vorbereitet ist.

Wir dürfen die Frage des Energieaustausches aber nicht ausschließlich aus dem Blickwinkel der Pflichten des Empfängers der Reiki-Kraft betrachten. Dies bringt uns zu einem Gesetz, das man in früheren Zeiten „den Zehnten" nannte. Ich glaube, es ist für uns und andere gut, wenn wir von unserer Fülle etwas abtreten und Menschen an der Reiki-Kraft partizipieren lassen, denen es wirtschaftlich schlechter geht als uns.

Damit geben wir „unseren Zehnten", was allerdings nicht aus

innerem Zwang heraus geschehen darf. Als Geschenk der Liebe entfaltet unser „Zehnter" die größte Wirkung. Ich leiste ihn, indem ich in der Dritten Welt Reiki-Einführungen gebe. Sie können ihn mit Fernheilungen leisten, wie wir sie in Kapitel 12 näher besprochen haben: Indem Sie einen Menschen im Koma die Reiki-Kraft einziehen oder sie in ein Katastrophengebiet ausstrahlen lassen.

Eine Frage taucht bei meinen Einführungskursen immer wieder auf: Wie werde ich Reiki-Therapeut? Was muß ich tun, um mich ordnungsgemäß niederzulassen und Reiki professionell auszuüben? In Deutschland stehen Ihnen dazu nur zwei Wege offen: Entweder Sie sind Arzt, Diplom-Psychologe, Heilpraktiker oder in einem anderen anerkannten Heilberuf tätig, bei dem Sie für Ihre Dienste eine bestimmte Gebühr erheben können. In diesem Fall können Sie Reiki ohne weiteres in Ihre normale Praxis integrieren. Oder Sie offerieren Reiki als Entspannungstechnik in Workshops oder Kursen. In diesem Fall dürfen Sie Reiki unter keinen Umständen als eine Therapie anbieten. Das ist ein sehr genereller Hinweis. Wenn Sie Reiki tatsächlich zu Ihrem Beruf machen möchten, sind Sie selbstverständlich verpflichtet, sich erschöpfend über die Verordnungen und den gesetzlichen Rahmen zu informieren, den Sie dabei beachten müssen.

Die Gebühr für eine Reiki-Behandlung sollte in etwa der Gebühr für eine einstündige Massage entsprechen. Beherzigen Sie in Ihrer Praxis unbedingt, daß nur ein Arzt Diagnosen stellen darf. Also tun Sie es nicht, wenn Sie selbst kein Arzt sind. Haben Sie den Eindruck, daß einer Ihrer Klienten wirklich krank ist, sollten Sie ihn zum Arzt schicken, damit er sich untersuchen lassen kann. Außerdem dürfen Sie keine Medikamente verschreiben und einen Klienten auch nicht auffordern, ein Medikament abzusetzen. Wenn Sie wollen, können Sie Alternativen aufzeigen. Weiter dürfen Sie in Ihrer Beratung nicht gehen.

Die Bitte darum mag eine der Grundvoraussetzungen für eine Reiki-Behandlung sein. Dies bedeutet jedoch nicht, daß Sie jeder Bitte nachkommen müssen, selbst wenn Sie es nicht möchten.

Vergessen Sie nicht, daß so mancher von seiner Krankheit profitiert. Dann will er unbewußt auch nicht geheilt werden, obwohl er ein „Lippenbekenntnis" zur Heilung ablegt und oberflächlich selbst glauben mag, daß seine Bitte um Heilung aus dem Herzen kommt. Denken Sie an ein Kind oder eine vernachlässigte Gattin, denen Eltern oder Mann nur Aufmerksamkeit schenken, wenn sie krank sind. Ob sie auf diese Momente wirklich verzichten möchten?

Sie sollten jeden Klienten in die Eigenverantwortung entlassen, sobald Sie intuitiv den Eindruck bekommen, daß er sich zu sehr auf Sie verläßt, anstatt sich für seine Genesung selbst verantwortlich zu fühlen. Dies muß weder fühllos noch abrupt geschehen. Erklären Sie ihm einfach, daß Ihre innere Stimme Ihnen sagt, er könnte sich jetzt selbst am besten heilen, Sie hingegen könnten nichts mehr für ihn tun. Sie können ihm auch eine Einführung in die Reiki-Kraft empfehlen, damit er lernt, sich selbst zu heilen, oder ihm eine Visualisierungs-Übung und Affirmation mit auf den Weg geben. Es ist wirklich sehr wichtig, daß Sie spüren lernen, wann Sie einen Klienten in die Eigenverantwortung entlassen müssen. Es geht ja nicht um die Behandlungen an sich. Unsere Aufgabe ist der selbstverantwortliche, bewußt lebende Mensch. Dazu müssen wir uns selbst und andere erziehen.

Wir müssen uns mit unserem Reiki-Klienten also auf die Form des Energieaustausches einigen, denn ohne diesen wird es letztlich keine Heilung geben. Der Energieaustausch befreit ihn von seiner Verpflichtung und zwingt ihn, etwas in seine Heilung zu investieren.

Der Austausch sollte sich nach seinem Einkommen richten und muß nicht unbedingt den Austausch von Geld beinhalten.

Das Gleichgewicht von Geben und Nehmen ist einer der vielen Vorzüge der Reiki-Kraft. Nur wenn wir geben u n d nehmen können, werden wir in einer harmonischen Welt leben. Sie ist Sinn und Ziel des Energieaustausches.

*Lautlos ist die Wahrheit meiner Seele,
bedeutsam nur für mich, denn
meine Wahrheiten sind nicht unbedingt
auch deine Wahrheiten.
Still also bleibt es, bis unsere Wahrheiten
in Stille sich begegnen.
Wie lachen wir dann, wenn wir erkennen,
daß jede sich in der anderen spiegelt.*

Nari

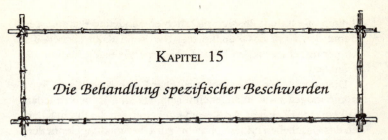

KAPITEL 15

Die Behandlung spezifischer Beschwerden

Wenn wir spezifische Beschwerden mit der Reiki-Kraft behandeln wollen, müssen wir zwei Dinge beachten, weil die meisten Krankheiten sich einer von zwei Kategorien zuordnen lassen: akute und chronische Krankheiten. Akute Beschwerden sind definiert als Krankheit, die erst seit kurzem besteht. Sie sprechen anders auf eine Reiki-Behandlung an als chronische Beschwerden, die der Klient seit langem mit sich herumschleppt. Hauptunterscheidungsmerkmal zwischen den beiden ist die krisenartige Zuspitzung der Krankheit vor der endgültigen Genesung, die wir als heilende Krise bezeichnen. Akute Krankheiten manifestieren sie in Reaktion auf die Reiki-Kraft sofort, und zwar in der Mobilisierung der Toxine. Chronische Krankheiten manifestieren die heilende Krise, wenn überhaupt, erst im späteren Verlauf der Behandlung.

Nehmen wir an, Sie behandeln einen Klienten, der mit Arthritis zu Ihnen kommt, einer chronischen Krankheit also. Sie beginnen mit Ihren Reiki-Behandlungen, und seine Schmerzen lassen durch die ersten Sitzungen stetig und rasch nach. Setzen Sie die Behandlungen über mehrere Wochen kontinuierlich fort, nehmen Schmerz und Schwellung ebenso kontinuierlich ab, bis der Genesungsprozeß die letzten Toxine mobilisiert. An diesem Punkt mag der Klient einen Rückfall erleben und die Krankheit sogar noch stärker spüren als vor Behandlungsbeginn, ein Zeichen, daß Sie bis zum „harten Kern", dem letzten „Bollwerk" der Krankheit durchgestoßen sind und es nun von innen aufbrechen. Die Reiki-Kraft und der letzte Rest der Giftstoffe reiben sich aneinander wie Zündholz und Reibefläche und produzieren auch eine ähnliche Reaktion: die sich plötzlich entzündende Flamme verbrennt den Kopf des Zündholzes: Die Reiki-Kraft säubert den Körper mit einer großen Dosis Lebensenergie endgültig von der Krankheit.

Die von der Mobilisierung toxischer Reste ausgelösten Symptome mögen zwar unangenehm sein, sie sind jedoch in jedem Fall ein gutes Zeichen. An diesem Punkt müssen Sie Ihrem Klienten das Geschehen erklären und bis zur Überwindung der heilenden Krise zusätzlich behandeln. Zu beachten ist ferner, daß die heilende Krise bei chronischen Krankheiten nicht zwangsläufig auftreten m u ß. Die Symptome können sich stattdessen auch ohne dramatische Zuspitzung ganz allmählich verflüchtigen. Da sie sich vielleicht gar nicht zeigt, brauchen Sie bei der Behandlung einer chronischen Krankheit den Klienten nicht im voraus auf die Mobilisierung der Toxine hinzuweisen.

Bei akuten Krankheiten liegt der Fall anders. Der Kranke kommt mit Schmerzen zu Ihnen, und seine Beschwerden sind ihm neu. Auch hat er hoffentlich bereits einen Arzt konsultiert, so daß Ihre Aufgabe als Reiki-Heilerin oder -Heiler nur darin besteht, die Genesung zu beschleunigen. Hat der Klient trotz ernsthafter Beschwerden noch keinen Arzt aufgesucht, tun Sie ihm und sich den größten Gefallen, wenn Sie ihm einen guten Arzt empfehlen. Bei der Behandlung akuter Beschwerden verstärkt die Reiki-Kraft den Schmerz gewöhnlich zuerst, weil die heilende Energie sehr abrupt in hoher Potenz eingezogen wird und damit den Innendruck an den erkrankten Stellen erhöht. Die Symptome verschwinden im allgemeinen nach zwei bis drei Tagen. Nach dem dritten Tag ist der Klient gewöhnlich von allen Beschwerden frei. Dieses Reaktionsmuster können wir im übrigen nicht nur bei der Reiki-Behandlung beobachten; es zeigt sich auch bei einer ganzen Reihe anderer Heilmethoden.

Vor einigen Jahren studierte ich bei einem mexikanischen Geistheiler und assistierte ihm in seiner kleinen Klinik, da wurde einmal eine Frau zu uns gebracht, die einige Tage zuvor entbunden hatte. Sie und ihr Mann waren sehr arm. Sie hatten sich weder einen Krankenhausaufenthalt noch eine Hebamme leisten können, und deswegen war ihr Kind zuhause geboren worden. Kurze Zeit später bekam die Frau jedoch eine heftige Entzündung, hervorgerufen wahrscheinlich von Resten der Nachgeburt im Uterus. Auch diesmal verweigerte das Krankenhaus Aufnahme und Behandlung, und so kam sie schließlich zu uns. Sie litt unter schlimmen Schmerzen, konnte nicht einmal mehr laufen, so daß ihr Mann sie in die Klinik tragen mußte. Der Geistheiler behandelte sie sofort und sagte ihr danach, daß sie in den nächsten Tagen heftigere Schmerzen bekommen, sich am dritten Tag aber bestimmt viel besser fühlen würde.

Bei meiner eigenen Arbeit entdeckte ich später, daß sich zwischen die Heilung des Äther- und des physischen Körpers eine Übergangszeit von etwa zwei bis drei Tagen schiebt. Diese Regel gilt für die meisten Arten des Geistheilens. Bei Reiki ist die Dauer dieser Übergangszeit jedoch nicht kalkulierbar, weil die Reiki-Kraft bei den Behandlungen gleichzeitig in feinstofflichen u n d physische Körper einfließt. Da der Klient die Energie selbst einzieht, bestimmt er auch die Dauer der Behandlung selbst.

Wenn Sie also eine akute Krankheit mit der Reiki-Kraft behandeln, sollten Sie Ihren Klienten in jedem Fall vorwarnen, ihn darauf vorbereiten, daß die nächsten beiden Tage recht unangenehm werden könnten, und die Symptome erst danach verebben würden. Im Gegensatz zu den chronischen Krankheiten scheinen die akuten Fälle die Genesung mit heftigeren Symptomen einzuleiten. Der Klient muß dies wissen und muß auch erfahren, daß die Symptome in diesem Fall ganz normal sind.

Sie werden im Laufe Ihrer Arbeit natürlich viele andere Erfahrungen sammeln. Zum Beispiel wird sich wahrscheinlich irgendwann einmal ein Klient bei Ihnen über Beschwerden oder Symptome beklagen, die er bisher noch niemals gekannt hätte, wäre er doch vor der Reiki-Behandlung stets kerngesund gewesen. Wie kann dies geschehen? Die meisten Krankheiten bilden sich sehr langsam im Körper heran. Wir merken davon nichts. Die Reiki-Behandlung ändert das Bild. Der langsam sich bildende Krankheitsherd zieht sofort ihre heilenden Energien in sich ein; ihr Zusammenprall mit der Krankheit erzeugt Schmerz und Unwohlsein. Ich habe dieses Phänomen gleich nach meiner Einführung in den ersten Reiki-Grad kennengelernt.

Ich hatte Besuch von einer guten Freundin aus Übersee und sie früh am Morgen mit Reiki behandelt. Am Abend ging ich dann zur Arbeit und erhielt dort einen Anruf vom Notarzt. Meine Freundin hatte plötzlich starke Schmerzen bekommen und sich von einer gemeinsamen Bekannten ins Krankenhaus fahren lassen. Nach der ersten Fehldiagnose auf Gebärmutterentzündung entdeckte man den richtigen Befund: meine Freundin hatte Nierensteine.

In Einleitung der Genesung hatte die Reiki-Behandlung die Steine in den Nieren hin- und herbewegt, so daß meine Freundin sie dadurch überhaupt erst bemerkte. Die Krankheit war bis zu diesem Zeitpunkt verborgen geblieben. Zum besseren Verständnis der Situation müssen wir bedenken, daß die Reiki-Kraft niemals gesendet, sondern vom Körper einzogen wird. Ergo: der Körper steuert seine eigene Genesung. Natürlich tat mir meine Freundin leid. Schmerzen hatte ich ihr gewiß nicht zufügen wollen. Trotz allem war der Schmerz an sich heilsam. Meine Freundin hatte gleich in der ersten Behandlung genug Reiki-Kraft absorbiert, um die Genesung von ihrer unerkannten Krankheit einzuleiten.

Letztlich war das Erlebnis fruchtbar. Ihr wurde bewußt, wie falsch sie sich bisher ernährt hatte, sie stellte ihre Eßgewohnheiten um und fand in allen Bereichen ihres Daseins zu einem neuen, gesünderen Lebensstil.

Ich erkläre das Auftreten unangenehmer Symptome nach der Reiki-Behandlung häufig mit dem Beispiel der Schnittwunde, die sich zu entzünden beginnt. Dort eilen die weißen Blutkörperchen zum Infektionsherd und fressen die eindringenden Bakterien. Der Heilvorgang erzeugt Druck, der Druck Schmerzen. Sie sehen also, unangenehme physische Symptome kündigen häufig nur an, daß der Körper seine Funktionen erfüllt und von selbst alles unternimmt, um die Genesung erfolgreich zu beenden.

Bei der Behandlung spezifischer Symptome sollten Sie überdies bedenken, daß die Reiki-Kraft Tuch, Holz oder sogar Stahl durchdringen kann, demnach selbstverständlich auch einen Gipsverband. Allerdings sollten Sie einen Knochenbruch erst nach Einrichtung der Knochen direkt behandeln.

Selbst eine Abneigung des Klienten gegen Körperkontakt und jedwede Berührung ist kein Hindernis. Anstatt sie aufzulegen, halten Sie dann die Hände einige Zentimeter über die zu behandelnden Stellen.

Reiki-Behandlungen sind bei jedem chirurgischen Eingriff zu empfehlen. Optimal ist eine Behandlung je unmittelbar vor und nach der Operation, weil Reiki im ersten Fall die Narkose und im zweiten Fall ihre Ausscheidung aus dem Körper beschleunigt.

Frau Takata lehrte eine einfache Folge von Handpositionen, die den endokrinen Drüsen folgen. Häufig erweiterte sie die Behandlung um einige Griffe, die sie selbst aus Dr. Usuis Lehren weiterentwickelt hatte, wie es jeder Reiki-Lehrer, mich selbst eingeschlossen, mit der Zeit tut. Sie können Frau Takatas Positionsfolge bei der Eigenbehandlung und bei der Behandlung von Klienten einsetzen, je nach Bedarf. Dabei gehen Sie folgendermaßen vor:

Legen Sie Ihre Hände mit der ersten Position über die Augen, daß auch die Nasennebenhöhlen bedeckt sind. Mit der zweiten Position bedecken Ihre Hände die Schläfen, mit der dritten die Ohren, während Sie mit der vierten die Hände auf die Hinterhauptslappen an der Schädelbasis auflegen. Damit behandeln Sie Zirbeldrüse, Hirnanhangdrüse und den Boden des Zwischenhirns und lindern Kopfschmerzen, Streß und Verspannungszustände. Mit der nächsten Position behandeln Sie die Kehle. Sie können die Hände dazu entweder beidseitig auf den Hals auflegen oder, was ich selbst vorziehe, eine Hand quer oben über den Nacken und die andere ganz sanft ebenfalls quer direkt auf die Kehle legen; mit dieser Variante ziehen Sie die vielen Lymphgefäße unter dem Unterkiefer und zu beiden Seiten der Luftröhre unmittelbar in die Behandlung ein.

Mit der siebenten Position bedecken Sie Schild- und Thymusdrüse, anschließend das Herz und den Solarplexus (Adrenalindrüsen). Hier nun weiche ich von der Grundstruktur ab und folge Frau Takatas Methode, indem ich weitere innere Organe in die Behandlung einbeziehe: die Leber unter dem rechten Rippenbogen; die Bauchspeicheldrüse in gleicher Höhe auf der linken Körperseite; und beide Lungenflügel, auf die ich je eine Hand auflege. Dann komme ich zum Grundmuster zurück, behandle den Hara- oder Chi-Punkt drei Fingerbreit unter dem Nabel. Als letztes behandle ich die Geschlechtsdrüsen: bei Frauen die Eierstöcke unmittelbar über dem Schambein, bei Männern die Hoden, und zwar indem ich meine Hände auf die Lymphgefäße ganz oben auf den Innenseiten der Oberschenkel auflege. Damit ist die Behandlung jedoch noch nicht beendet. Legen Sie Ihre Hände nun auf die Knie auf, in denen unsere Angst vor Veränderungen und dem Ich-Tode gespeichert ist. Wenn Sie möchten, können Sie danach nochmals die ganze Vorderseite des Körpers bis hinab zu den Füßen behandeln und dann den Rücken von den Schultern bis zum Kreuzbein. Die Harmonisierung der Wirbelsäule schließt die Behandlung endgültig ab.

Sie können natürlich auch andere Körperpartien in die Behandlung einbeziehen. Am besten, Sie folgen Ihrer Intuition.

Generell dürfen wir sagen: Bei spezifischen Krankheiten behandeln Sie die Organe mit der Reiki-Kraft, die von der Krankheit besonders betroffen sind: bei Diabetes die Bauchspeicheldrüse, bei einem Herzleiden das Herz und so weiter. Ideal ist, wenn Sie böse Krankheitsherde wie etwa einen Tumor jeden Tag dreißig Minuten lang die Reiki-Kraft einziehen lassen. Behandeln Sie bei einer Krebserkrankung in jedem Fall die endokrinen Drüsen, vor allem die Thymusdrüse, weil diese eng mit dem Immunsystem des Körpers zusammenhängt.

Folgen Sie wie immer Ihrer Intuition und legen Sie die Hände auf Stellen auf, die besonders „hungrig" nach der Reiki-Kraft zu sein scheinen. Verschiedene Zeichen kündigen Ihnen an, wann

Sie die Handpositionen wechseln sollten. Vielleicht stößt der Klient einen Seufzer der Erleichterung aus, oder Sie spüren die Hitze in Ihren Händen nachlassen, das Kribbeln und Pulsieren allmählich verebben. Also, keine Angst. Sie werden wissen, wann Sie aufhören müssen. Ihre Intuition läßt sich nicht täuschen. Wenn Sie diesen Rat beherzigen, werden Sie Ihre Hände durchschnittlich drei bis fünf Minuten in einer Position aufliegen lassen, bevor Sie zur nächsten übergehen. Natürlich kann es, wenn notwendig, auch länger dauern.

Eins jedoch ist wichtig. Sie müssen es sich immer wieder vergegenwärtigen: Wie tief Sie sich einem Klienten auch emotional verbunden fühlen mögen, an den Ergebnissen Ihrer Heilung haften dürfen Sie nicht. In keinem Fall. Ich konnte das zu Beginn nur schwer akzeptieren. Es war nicht leicht zu lernen, daß ich über die F o r m, in der sich die Heilung äußern möchte, keinerlei Entscheidungsgewalt habe. Ich kann eine noch so gute Heilerin sein, so entscheidet der Klient doch selbst, ob er genesen oder krank bleiben, ob er leben oder sterben möchte.

Vor einigen Jahren erkrankte meine Mutter an Krebs. Ich ließ sie über Fernbehandlungen Reiki-Kraft einziehen, und diese schien unmittelbar nach der Operation gut anzuschlagen, denn meiner Mutter ging es besser. Wenig später entschloß sie sich zur Chemotherapie in Verbindung mit makrobiotischer Ernährung und der Max Gerson-Methode, und ich setzte meine Fernbehandlungen von Kalifornien nach Deutschland fort. Ich bin sehr emphatisch veranlagt und kann deswegen häufig die Syptome anderer Menschen deutlich in meinem Körper spüren. So wußte ich jedes Mal, wenn meine Mutter wieder in Chemotherapie war. Ich hatte sie behutsam zu überreden versucht, die starken Chemikalien nicht einzunehmen, denn ich hatte bei Freunden schon häufiger mitansehen müssen, daß die Chemotherapie zwar den Krebs besiegte, sie jedoch wenig später an den Nebenwirkungen der Medikamente starben. Als ich aber an ihrem Widerstand erkannte, daß sich meine Mutter nicht umstimmen lassen wollte, unterstütze ich sie auf dem von ihr gewählten Weg nach Kräften. Sie brauchte alle positive Energie, die sie haben konnte. Das war deutlich zu fühlen.

Zwei Monate später wollte ich nach Brasilien fliegen, um dort mit Geistheilern zu arbeiten, die magische Chirurgie betreiben. Ich rief meine Mutter an und lud sie ein mitzukommen. Auch dies lehnte sie ab. Sie wollte in Süddeutschland lieber eine neue Chemotherapie ausprobieren. Ich sah sie niemals wieder. Sie starb, während ich in Brasilien war.

Dort nahm sie Verbindung mit mir auf, und über die Techniken des zweiten Reiki-Grades konnte ich sie aus 10.000 Kilometer Entfernung durch den Sterbeprozeß führen. Ich werde diese Zeit niemals vergessen, denn es waren Momente tiefsten spirituellen Erlebens, wie ich sie in dieser Intensität in meinem Leben nur selten erfahren durfte.

In die Trauer und den Kummer über den Verlust der physischen Gegenwart meiner Mutter mischten sich andere, sehr gegensätzliche Empfindungen. Ich wußte, daß sie n i c h t gestorben war. Sie hatte nur die Erscheinungsform gewechselt. Vor meinem Abflug hatte ich mir sehr gewünscht, daß wir das Abenteuer Brasilien gemeinsam würden erleben können. Und dies geschah tatsächlich, wenn auch nicht nach meinem Plan. Meine Mutter verweilte einige Wochen im Astral-Körper, bis sich die ganze Familie in den Vereinigten Staaten traf, um den Kummer zu teilen und sich schließlich davon zu lösen. Am Ende wünschten wir ihr alles Gute für ihren weiteren Weg.

Es war eine tief-spirituelle Erfahrung, einen Menschen mit der Reiki-Kraft durch den Sterbeprozeß zu führen, für mich Auszeichnung und Privileg. Nie werde ich das Erlebnis missen wollen, meiner Mutter bei diesem Übergang beigestanden zu haben. Nur mit einem anderen Erlebnis kann ich es noch vergleichen: die Geburt des ersten Kindes meiner Schwester. Geburt und Tod, zwei Übergänge, und beide einschneidend und erschütternd. So viel Liebe ist in ihnen enthalten, und so überwältigend ist diese Liebe, daß Worte vor der Tiefe des Gefühls versagen. Sie können es nicht vermitteln.

Wahrscheinlich, weil wir in Geburt und Tod dem vollkommenen Menschen begegnen, ihn in seinem Wesensgrund erleben. Das Baby ist vollkommen, wenn es unsere Welt betritt, und vollkommen ist auch der Sterbende. Alter Ballast fällt von ihm ab, und er offenbart uns im Übergang zu einer anderen Seinsform seine ureigene Schönheit – den wahren Menschen.

Mit der Gabe der Reiki-Kraft sind wir Heilerin und Heiler geworden und als solche müssen wir wissen: Wen wir auch behandeln, er ist ein vollkommenes Wesen, der wahre Mensch. Alle Trübungen und Störungen dieser Vollkommenheit sind nur Täuschung. Sie werden abfallen, wenn der Mensch gelernt hat, was die Krankheit ihn lehren wollte. Wir Heilerinnen und Heiler haben eine einzige Aufgabe: Wir müssen anderen Mut geben und sie unterstützen in dem Prozeß ihrer Genesung, ihrer Ganzwerdung, der uns Ehrfurcht einflößt und staunen macht.

Unsere Aufgabe ist unser Privileg, denn wir können hinter der Maske der Krankheit oder seelischen Zerrissenheit den wahren Menschen erschauen – in jedem Menschen. Wir wollen ihm helfen, dieselbe Vollendung zu sehen. Reiki hilft uns dabei.

*Ein Erwachen ist der Tod
aus den Träumen der Nacht.
Die Seele findet zurück
zum Licht.
Nari*

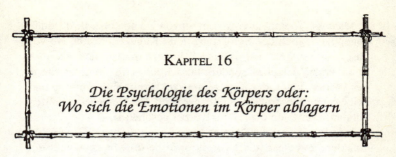

KAPITEL 16

Die Psychologie des Körpers oder: Wo sich die Emotionen im Körper ablagern

Vor dem Beginn des Psychologiestudiums betrachten wohl alle angehenden Psychologen das Gehirn als die Schaltzentrale der psychischen Funktionen. Teilweise zu Recht: das Gehirn nimmt Gedanken, Sinneseindrücke und Erinnerungen wahr und speichert sie wie ein Computer. Aber Gehirn ist nicht gleich Psyche.

Die Psyche arbeitet über den Äther- oder Bioplasma-Körper und hinterläßt ü b e r a l l in der physischen Struktur ihren Stempel. Sie haben vielleicht den Spruch gehört: „Der Mensch ist, was er ißt." Mit größerem Recht können wir ihn erweitern: „Sie sind, was Sie denken." Mit anderen Worten: Was wir unserem Körper an Materie zuführen, hilft unsere physische Struktur mitgestalten, und über dieselbe Art von Wechselbeziehung beeinflussen die emotionalen Reaktionen, die unseren Körper durchlaufen, seine Form und seinen inneren Aufbau.

Der Körper ist ein Spiegelbild der Psyche, wie auch die Psyche den Körper spiegelt, wenn dieser sich verhärtet hat. Die Gewebe werden sich in Struktur und Größe den Emotionen und Gedanken nachbilden, die durch sie hindurchfließen. Positive Energie wird den Körper flexibel und geschmeidig erhalten, während unterdrückte Handlungsimpulse und Wünsche zuerst im feinstofflichen und dann im physischen Körper Blockaden errichten und Sperren aufbauen. Gestaute Energie macht die Gewebe starr. Diese Starrheit verfestigt sich in immer dickeren Schichten, bis der Mensch sich einen „Körperpanzer" zugelegt hat. Mit diesem Wort charakterisierte Wilhelm Reich das überflüssige Gewebe, das sich wie ein Schutzwall für die Psyche um den Körper legt.

Massage-Therapeuten wissen wovon ich spreche. Ihre Hände begegnen täglich den Verhärtungen im Kapuzenmuskel, wo wir die „Last der Welt" auf unseren Schultern tragen, nicht etwa im Sinne einer Metapher, sondern tatsächlich – im wahrsten Sinne des Wortes. Indes, der Kapuzenmuskel ist nur eine typische und keineswegs die einzige Stelle, wo sich die Gewebe verhärten können. Dies kann überall im Körper geschehen.

Jede Stelle unseres Körpers kann uns ihre eigene Geschichte erzählen, und diese hängt von ihrer Rolle im Körperbewußtsein ab. Die Abbildungen auf den Seiten 160 - 163 veranschaulichen, welche Emotionen wo im Körper gespeichert sind. Wenn Sie sie näher betrachten, werden Sie vielleicht feststellen, daß auch zwischen den sieben Hauptenergiezentren und den in ihrem Umfeld gespeicherten Emotionen eine Verbindung besteht. Das endokrine System steht in enger Wechselbeziehung zu den Chakren und gleich innig miteinander verwoben sind die „Körper" von Emotionen und Psyche.

Die zwei folgenden Abbildungen verdeutlichen, daß sich im Körper Psyche und Emotionen ausdrücken; der Körper gibt ihnen eine Gestalt. Natürlich, Erbfaktoren, Umwelt, Ernährung und körperliche Betätigung formen den Körper ebenfalls. Aber die Emotionen und Gedanken, die durch ihn hindurchströmen, geben ihm seine endgültige Gestalt: die Qualität seiner Gewebe, seine Haltung, seine Gesamterscheinung.

Ich habe schon in vielen Ländern der Erde einen Wochenend-Workshop unterrichtet, in dem ich auf diese Wechselwirkung eingehe. In seinem Verlauf beschäftigen wir uns mit den Grundlagen der Psychologie des Körpers und lernen die Methoden und Hilfsmittel kennen, die uns von Energiestaus befreien können, so wir sie nur anwenden. Eingangs erkläre ich, wie der Körper optimal ausgerichtet ist, und folge dabei dem Modell von Ida Rolf, die Begründerin des Rolfing. Ida Rolf fand heraus, daß am körperlich und psychisch gesunden Menschen beim Aufrechtstehen die Ohren in gerader Linie über den Knien, die Knie mitten unter den Schultern und die Schultern über den Hüften liegen. Ist diese Ausrichtung an irgend einem Punkt gestört, können wir daraus Rückschlüsse auf Charakter und Persönlichkeit ziehen.

Ida Rolf war von Haus aus Biochemikerin und Physiologin. Sie beschäftigte sich lange Jahre mit dem Muskelaufbau und der Gestalt des menschlichen Körpers und entdeckte, daß emotionale und physische Traumata das Muskelgewebe und die dünnen Muskelhäutchen kontrahieren und sich verfestigen ließen. Wenn Angst, Trauer und Wut in den Körper einströmen, nehmen seine Muskeln verschiedene Schutzhaltungen ein. Nach einigen Wiederholungen verfestigen sich die Schutzhaltungen zur Pose: der Mensch ver-körpert die Emotion. Damit aber zerfällt die natürliche Ausrichtung seines Körpers. Er wird starr und verliert sein natürliches Gleichgewicht, und die Pose verfestigt sich durch Gewöhnung zur rigiden psychophysischen Struktur.

Es gibt eine Reihe von typischen Brüchen und Trennungen zwischen den Regionen des Körpers, die das Verständnis der Psychologie des Körpers vereinfachen. Die fünf Abbildungen auf den Seiten 164-168 sind von Ken Dychtwalds Buch *Körperbewußtsein* inspiriert. Ich empfehle es jedem, der sich mit diesem Thema näher befassen möchte.

Nase veranschaulicht:
Zustand unseres Herzens
(durch Farbe und Knollenform)
Geruchssinn und allgemeines Wahr-
nehmungsvermögen
Sexualtemperament
Selbstwertgefühl

Mund veranschaulicht:
Grad der Überlebensfähigkeit
Nahrungsaufnahme im konkreten wie
übertragenen Sinn
Grad der Sicherheit im Leben
Grad der Offenheit für neue Ideen

Stirn:
intellektuelles Ausdrucksvermögen

Hals:
Wechselbeziehung zwischen Gedan-
ken und Emotionen
Starre, bedingt durch nicht geäußerte
Gedanken

Unterkiefer:
Blockierung im Ausdruck von Worten
und Gefühlen
Hemmung oder Ungehemmtheit im
Ausdruck

Arme und Hände:
die persönliche Qualität von Liebe
und Mitgefühl
(denn in ihnen setzt sich das Herzzen-
trum nach außen fort)

Solarplexus (Zwerchfell):
Grad und Art der Kontrolle über die
Gefühle
persönliche Ausstrahlung
Entwicklungsstufe unserer Macht und
Weisheit

Geschlechtsorgane:
Verbundenheit zum Wurzelchakra
Kundalinikraft
Lebensangst
Überlebenstüchtigkeit

Knie:
Todesangst
Angst vor dem Ich-Tod
Angst vor Veränderungen

Gesicht:
die verschiedenen Masken unserer
Persönlichkeit
wie wir der Welt begegnen

Augen:
wie wir die Welt sehen
Kurzsichtigkeit bedeutet: Introversion
Weitsichtigkeit bedeutet: Extraversion
die Fenster unserer Seele

Ohren:
unsere Fähigkeit zuzuhören
(enthalten Akupunktur-Punkte für den
ganzen Körper)

Augenbrauen:
Zustand unserer Intuition
Gefühlsausdruck

Brust:
Intensität der mitmenschlichen Bezie-
hungen
Liebesfähigkeit
Zustand von Atmung und Blutkreis-
lauf

Bauch:
unsere tiefsten Gefühle
unsere Sexualität
Zustand unseres Verdauungsapparates

Oberschenkel:
Grad unseres Standvermögens
den Glauben an die eigenen Fähigkeiten
Versagensangst

Füße:
ob wir auf unseren eigenen Füßen
stehen können
unsere Ziele erreichen können
Erfolgsangst

Psyche und Emotionen im Körper

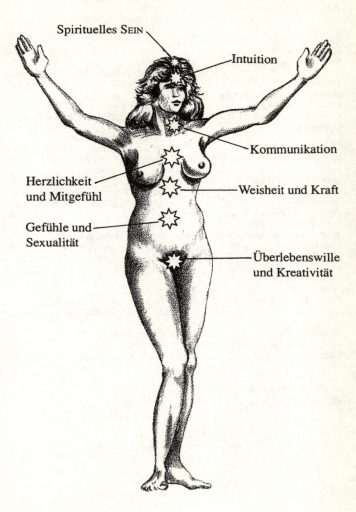

161

Hände:
die Fähigkeit zu geben und zu nehmen
Grad unseres Wirklichkeitssinns
wie zielstrebig wir sind
Angst, etwas zu unternehmen

Unterarme:
die Mittel zur Verwirklichung unserer
Ziele
Minderwertigkeitsgefühle

Ellenbogen:
die Intensität der Verbindung zwischen der Kraft der
Ober- und der Handlungsfähigkeit der
Unterarme

oberer Rücken:
(vor allem zwischen den Schulterblättern)
unterdrückte Wut

unterer Rücken:
Bindeglied zwischen der Bewegung
von Unterkörper und Rumpf
Männer speichern an dieser Stelle sehr
viele Emotionen, die sich vom Bauch
hierher verlagert haben

Gesäßmuskeln:
Festhalten der Gefühle
Unfähigkeit loszulassen
anale Blockierung

Abziehmuskeln:
Lebensprobleme, in die die Sexualität
hineinspielt

Fußgelenke:
unseren inneren und äußeren Gleichgewichtssinn

Arme:
Zustand des Herzzentrums
Liebesfähigkeit
die Fähigkeit, sich in der Welt zurechtzufinden
die Fähigkeit, Bindungen einzugehen

Oberarme:
Grad unserer Handlungsfähigkeit und
-freiheit
Angst vor Rückschlägen und Entmutigung

Schultern:
unsere Art, die „Last der Welt" zu
tragen
Angst vor Verantwortung
(besonders Frauen speichern an dieser
Stelle   sehr viele Emotionen)

Rücken:
wo wir alle unsere unbewußten Emotionen und Verspannungen speichern

Becken:
Sitz der Kundalini-Energie
Wurzel der grundlegenden Lebensbedürfnisse und darauf ausgerichteten
Handlungen

Achillessehne:
Fragen der Selbstkontrolle
die Fähigkeit loszulassen

Unterschenkel:
Zielstrebigkeit
Angst, etwas zu unternehmen

Psyche und Emotionen im Körper

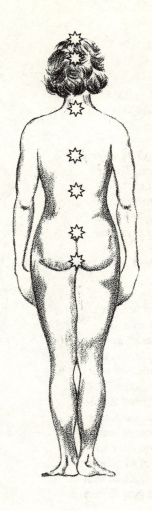

163

Vorne/hinten-Trennung

Vorderseite: das Bild, das wir der Welt zeigen; die gesellschaftliche Maske; speichert unsere emotionalen Regungen wie Liebe, Begehren, Trauer, Freude, Kummer und so weiter; „Herz-Schmerzen" werden in den Schultern und zwischen den Rippen gespeichert; auch im Bauch halten wir viele Gefühle fest

Rückseite: speichert sehr viel unbewußte Gedanken und Emotionen; „Versteck" der Fragen und Probleme, die wir vermeiden, mit denen wir uns nicht auseinanderzusetzen wagen; die „Müllkippe" für die Dinge, die wir nicht zur Kenntnis nehmen möchten; zwischen den Schulterblättern, auf den Schultern und in den Muskeln entlang der Wirbelsäule ist sehr viel Angst und Wut gespeichert

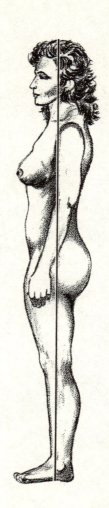

Rechts/links-Trennung

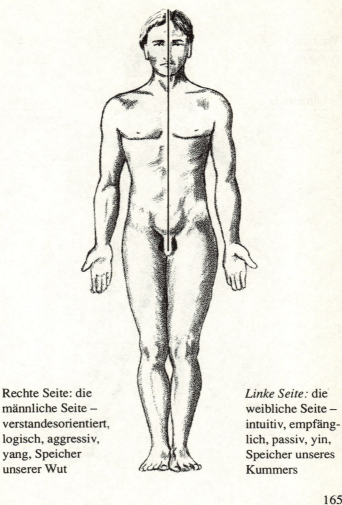

Rechte Seite: die männliche Seite – verstandesorientiert, logisch, aggressiv, yang, Speicher unserer Wut

Linke Seite: die weibliche Seite – intuitiv, empfänglich, passiv, yin, Speicher unseres Kummers

$$\frac{Kopf}{Rumpf}\text{-Trennung}$$

$$\frac{Verstand}{Gefühle}$$

$$\frac{Sublimierung}{Trieb}$$

$$\frac{Psyche}{Körper}$$

$$\frac{Logik}{Intuition}$$

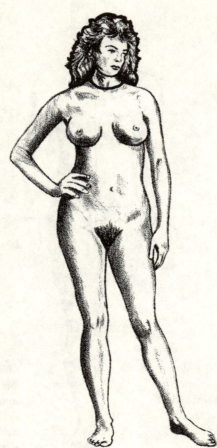

$$\frac{Oben}{unten}\text{-Trennung}$$

Kleiner Oberkörper
großer Unterkörper
(am häufigsten bei Frauen zu finden):
Schwierigkeiten im sozialen Umgang; Hemmungen, sich zu äußern; Unbehagen vor Initiativen; schwache Selbstbehauptung; Kontaktschwierigkeiten; Neigung zu Zurückgezogenheit und Häuslichkeit; in sich ruhende aber passive Persönlichkeit

Großer Oberkörper
kleiner Unterkörper
(am häufigsten bei Männern zu finden):
übermäßig aggressiv; übersteigerter Wille zur Selbstbehauptung; Extraversion; Kontaktfreudigkeit; Feigheit vor emotionaler Stärke; Angst vor tiefer gefühlsmäßiger Bindung; aktive Persönlichkeit

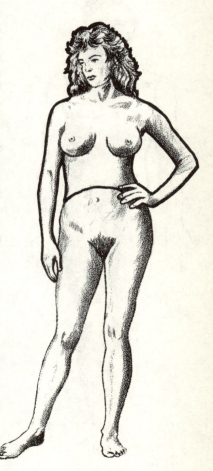

Rumpf/Gliedmaßen-Trennung

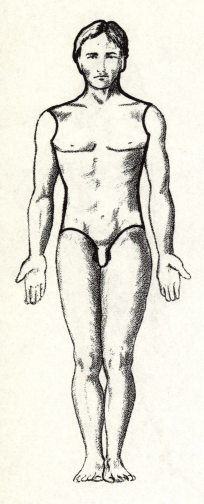

Rumpf: der eigentliche „Kern" des Körpers; im Kontakt mit der Außenwelt nur wenig aktiv; neigt eher zur Reflexion; mehr auf das Selbst bezogen als auf die Welt

Gliedmaßen: Brücken zur Außenwelt; befähigen uns zur Bewegung durch den Raum; für den Kontakt mit der Außenwelt die aktivsten und wichtigsten Teile des Körpers

Ida Rolf entwickelte aus ihren wissenschaftlichen Untersuchungen und Beobachtungen schließlich die Technik des Rolfing, um Fehlhaltungen und die falsche Ausrichtung der einzelnen Abschnitte des Körpers zu korrigieren. In den zehn jeweils einstündigen Rolfing-Sitzungen behandelt der Rolfing-Therapeut mit festen Griffen die tiefen Muskelschichten, damit der Körper nach Aufweichung ihrer Verhärtungen wieder zu einer harmonischen, natürlichen Ausrichtung findet. Mit zunehmender Praxiserfahrung erkannte Ida Rolf überdies, daß ihre Klienten bei der Manipulation tiefer Gewebeschichten sich von vielen seelischen Traumata befreien konnten.

Dies bedeutet: die wiederholte Erfahrung negativer Emotionen im Alltag erschafft den „Körperpanzer", der uns automatisch in unnatürlichen Posen erstarren läßt und die natürliche Ausrichtung des Körpers zerstört. Gleichzeitig erzeugen die rigide Haltung und die unnatürlichen Posen ihrerseits dieselben negativen Emotionen, aus denen sie zuerst entstanden sind. Psyche und Emotionen beeinflussen den Körper und werden gleichzeitig von ihm beeinflußt. Die Manipulation tiefer Gewebeschichten beim Rolfing weicht rigide Strukturen und falsche Posen auf und befreit die im Körper gespeicherten Emotionen. Von den Schlacken negativer Erfahrungen der Vergangenheit befreit, fühlt sich der Mensch wie neugeboren, kann endlich die unerklärliche Leichtigkeit des Seins genießen.

Mit ihrer Arbeit inspirierte Ida Rolf in den siebziger Jahren neben Physio- und Massage-Therapeuten auch zunehmend die neuen Strömungen in der Psychologie: *Psycho Structural-Balancing, Aston-Patterning* und *Hellerwork* sind nur drei Beispiele für neue Formen der Psychotherapie, die sich aus Ida Rolfs Pionierleistung entwickelt haben.

Neben dem Rolfing hat sich in den siebziger Jahren auch die Akupressur durchgesetzt und die alternativen Heilmethoden mit neuen Techniken zur Befreiung von alten Emotionen bereichert. Chris Griscolm aus Galisteo in New Mexico ist nicht nur für ihre Rückführungen in vergangene Leben bekannt, sie hat überdies die Bedeutung der Akupunktur-Meridiane für die Entschlackung von alten Emotionen wiederentdeckt. Mehrere östliche Kulturen haben die Wechselwirkung zwischen Meridianen und Emotionen schon seit Jahrtausenden für die Heilung von vielen Leiden nutzbar gemacht, auch wenn sie die Vorgänge jeweils mit anderen Worten und in einem anderen Begriffs- und Bezugssystem beschreiben. Die Chinesen haben die Akupunktur-Meridiane entdeckt und die Bewegung der Lebenskraft „Chi" im Körper untersucht. Die indischen Yogis hingegen haben die Funktion des *Prana* in den Energiebahnen *(Nadi)* und seine Auswirkungen auf den Äther-Körper erforscht. So wollen eine ganze Reihe von Yoga-Formen die Energieblockaden „wegbrennen" oder „aufschmelzen", die den Fluß des Prana in den Nadis behindern oder gar unterbrechen. In der Mongolei wiederum bereiteten sich die Krieger mit *Chua Ka* auf die Schlacht vor, eine Technik der Selbstmassage, die Energieblockaden beseitigt und damit auch von Angst befreit.

Die meisten dieser Techniken führen unserer psychophysischen Verkörperung neue Lebenskraft zu, die dann in den verschiedenen Schichten des feinstofflichen Energiekörpers die Sperren oder Blockaden in den Energiefluß drückt, in dem sie sich schließlich auflösen.

Was passiert? Die Lebenskraft stößt auf eine Sperre, und der Widerstand versetzt den Körper in eine „gereizte" Schwingung. Diese wiederum erfaßt alle strukturellen und funktionellen Systeme, daß sie schließlich das ursprüngliche Trauma reproduzieren (und damit wiedererfahrbar machen), welches die Sperre in der Vergangenheit hervorbrachte. In diesem Augenblick durchlebt der Klient nochmals die Gefühle, die mit dem traumatisierenden Erlebnis einhergingen. Das nochmalige Erleben wirkt wie eine Befreiung, die sich ganz verschieden äußeren kann, von einer Beschreibung des Ereignisses bis zum sogenannten Orgasmusreflex (vergleiche dazu auch die Darstellung des Rebirthing in Kapitel 11).

Wie verschieden die einzelnen Therapien zur Befreiung von

emotionalen Traumata auch vorgehen mögen, zielen sie doch alle auf eine reinigende Katharsis ab, die die in den Emotionen gebundene Energie erlebbar macht, anstatt sie mit den Mitteln des Verstandes zu verbalisieren. Die Katharsis befreit uns von unserem Trauma, so tiefgreifend und erschütternd wie Arthur Janovs „Urschrei".

Die therapeutische Technik ist dafür nicht unbedingt entscheidend. Wichtigste Voraussetzung ist vielmehr, daß der Klient für die Befreiung psychisch „reif ist". Sie muß im übrigen nicht unbedingt in eine dramatische Katharsis münden. Jede Befreiung hilft, auch wenn der Klient dabei die bewußte Kontrolle behält, seine Emotionen nur mit Worten beschreibt oder in Zittern und unwillkürlichen Bewegungen äußert. Er geht so weit, wie er im Augenblick gehen kann. Dies allein ist wichtig.

Zur erfolgreichen Befreiung von gestauten Emotionen müssen eine Reihe von Voraussetzungen erfüllt sein:

Die Therapeutin oder der Therapeut müssen genau wissen, was sie tun. Das heißt, sie müssen in ihrer Technik solide ausgebildet sein. Ferner müssen sie „Körpersignale lesen" können, also die Psychologie des Körpers zumindest in Grundzügen verstehen. Sie sollten außerdem selbst die emotionale Befreiung an sich erfahren haben, zu der sie ihre Klienten führen möchten. Nur dann können sie sich nämlich in den Klienten hineinversetzen und ihm das Gefühl des Vertrauens und der Sicherheit vermitteln, ohne die es zu keiner Katharsis kommen kann, weil ein Rest Angst mitschwingen und eine rückhaltlose Öffnung blockieren würde. Mitfühlend kann nur sein, wer selbst erfahren hat, was er lehren und vermitteln möchte.

Eine ganze Reihe von Bewußtseinstechniken können uns im Vorstadium der Katharsis in den notwendigen Druck und die „gereizten" Schwingungen hineinführen: rhythmisch-kraftvolles Atmen, die Stimulierung bestimmter Druckpunkte, Visualisierungen und Körperübungen (wie etwa in der Bioenergetik).

Druckpunkte zur Lösung von gestauten Emotionen (Körpervorderseite)

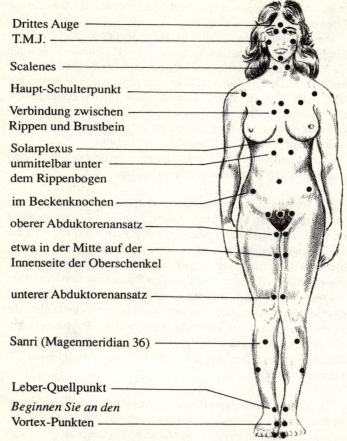

Drittes Auge
T.M.J.
Scalenes
Haupt-Schulterpunkt
Verbindung zwischen Rippen und Brustbein
Solarplexus unmittelbar unter dem Rippenbogen
im Beckenknochen
oberer Abduktorenansatz
etwa in der Mitte auf der Innenseite der Oberschenkel
unterer Abduktorenansatz
Sanri (Magenmeridian 36)
Leber-Quellpunkt
Beginnen Sie an den Vortex-Punkten

Beginnen Sie bei den Füßen und arbeiten Sie sich bis zum Kopf vor

Druckpunkte zur Lösung von gestauten Emotionen (Körperrückseite)

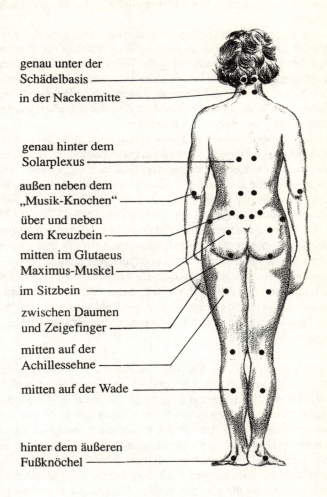

- genau unter der Schädelbasis
- in der Nackenmitte
- genau hinter dem Solarplexus
- außen neben dem „Musik-Knochen"
- über und neben dem Kreuzbein
- mitten im Glutaeus Maximus-Muskel
- im Sitzbein
- zwischen Daumen und Zeigefinger
- mitten auf der Achillessehne
- mitten auf der Wade
- hinter dem äußeren Fußknöchel

In Kapitel 11 habe ich bereits erwähnt, daß ich bei meiner Arbeit die Reiki-Kraft häufig in Verbindung mit Rebirthing einsetze. Manchmal stimuliere ich dazu noch eine Reihe von Druckpunkten.

Auf meinen Rückführungs-Seminaren in vergangene Leben gebe ich grundsätzlich einen kurzen Überblick über die Psychologie des Körpers. Dann bitte ich die Teilnehmer, sich gegenseitig zu begutachten. Wir schauen uns sehr genau an und suchen die Stellen, wo wir die Energie vornehmlich blockieren, und wollen danach feststellen, welche Druckpunkte stimuliert werden müßten, um diese Sperren zu beseitigen.

Dies können Sie auch zu Hause tun. Begutachten Sie einfach mit einer engen Freundin oder einem guten Freund Ihren Körper: Wo hat sich die Energie festgesetzt? Welche Körperpartien sind erstarrt? Welche Druckpunkte müssen stimuliert werden, um Ihr Körperbewußtsein zu befreien? Orientieren Sie sich bei dieser kritischen Musterung an den Abbildungen auf Seite 172 und 173.

Am besten ist natürlich, Sie ziehen einen erfahrenen Rebirther oder Körpertherapeuten zu Rate, besprechen mit ihm Ihre körperlichen Sperren und die für Ihr Leben typischen Schwierigkeiten. Danach gehen Sie zur Praxis über: Sie beginnen die rhythmische Tiefenatmung und führen Ihren Rebirther zu den Druckpunkten, die Sie gern behandelt haben möchten. Bald sind Sie dann mit den Vorgängen beim Rebirthing gut genug vertraut, um sich selbst damit zu behandeln.

Am besten stimulieren Sie, von den Füßen an aufwärts, möglichst viele der auf den Abbildungen gezeigten Druckpunkte. Während der Klient einatmet, pressen Sie sanft in die Punkte hinein. Beim Ausatmen halten Sie den Druck konstant oder verringern ihn ein wenig. Die für den Klienten besonders wichtigen Druckpunkte bearbeiten Sie mit etwas mehr Druck, denn in ihnen sind sehr viele Emotionen gespeichert (allerdings drücken Sie auch nicht zu fest, um den Fluß der Energie nicht abzuschnüren). Lassen Sie die Energie einfach fließen. Sie brauchen sie nicht zu forcieren. Spüren Sie irgendwo einen hartnäckige Energiestau, bearbeiten Sie die Hauptdruckpunkte in der Nähe: bei einer Blockade in den Beinen etwa bearbeiten Sie vor allem die Druckpunkte an Becken und Oberschenkel, bei einer Blockade in den Armen hingegen die Druckpunkte des Schultergürtels.

Vermeiden Sie überflüssige Worte. Sie würden nur ablenken, wie überhaupt jede Beteiligung des Verstandes die Befreiung unterbricht. Warten Sie also, bis sich die Emotionen wirklich gelöst haben, bevor Sie den Klient nach seinen Erfahrungen fragen.

Zitter- und Schüttelbewegungen mögen die Bewegung der Energie durch den Körper begleiten, ja der Klient wird vielleicht sogar zu weinen beginnen, wenn die Blockaden im Kehlzentrum sich lösen. Unterbrechen Sie niemals. Lassen Sie die Lösung ganz natürlich geschehen und auslaufen und die Energie so fließen, wie sie will. Sie schreiten selbst bei einer heftigen Katharsis nicht ein, sondern achten nur darauf, daß Sie fest u n d locker mit den Beinen auf dem Boden stehen, den Klienten davor bewahren, sich selbst zu verletzen, und ihn zum Weiteratmen ermuntern. Darüber hinaus müssen Sie nichts beitragen, nur innere Festigkeit und Schutz.

Sie werden intuitiv wissen, wann die reinigende Katharsis verebbt. Vielleicht beginnt der Klient an diesem Punkt auch von sich aus ein Gespräch. Wenn nicht, können Sie ihn nach einigen Augenblicken der Besinnung fragen: Was geht jetzt in dir vor? Was erfährst du, nimmst du wahr? Wie fühlst du dich? Jetzt ist das Gespräch wichtig. Der Verstand muß allmählich wieder zu arbeiten beginnen. Dabei ist gleich, von wem die Intiative ausgeht.

Mit der Lösung der gestauten Emotionen reinigen wir den feinstofflichen Energiekörper. Umprogrammieren können wir ihn damit nicht. Ohne ein neues Programm, neue Denk- und Verhaltensmuster aber werden wir auch weiterhin Opfer der negativen Gewohnheiten bleiben, die die Energie überhaupt erst gestaut haben.

Wir werden uns nur über aktive Beteiligung und regelmäßiges Üben neue Denk- und Verhaltensmuster aneignen. Zu diesem

Zweck empfehle ich ein vierzigtägiges Übungsprogramm. In seinem Verlauf werden Sie jeden Tag fünfzehn Minuten in der Meditation mit einer Reihe von Affirmationen arbeiten, die Ihr Unbewußtes umprogrammieren. Dies wird mindestens vierzig Tage in Anspruch nehmen.

In unseren Tagen müssen wir einzeln und in Gruppen tiefere innere Klarheit gewinnen, um die Heilung der Erde zu unterstützen. Wir tun dazu den ersten Schritt, wenn wir uns von der Last alter Emotionen befreien, die den Fluß der Energie hemmen. Mit der Zeit finden wir dann zu unserem wahren Wesen zurück und entdecken, daß wir Lichtwesen sind – ganz und vollkommen, mit der universalen Lebenskraft in vollendeter Harmonie.

KAPITEL 17

Die Bedeutung der Reiki-Kraft für die Evolution des Bewußtseins

In einer Hinsicht leben wir heute in einer glücklichen Zeit: in unserer westlichen Gesellschaft überwiegt die Offenheit. Wir können ohne Angst vor Verfolgung nach neuen Lösungen und Antworten auf die Grundfragen des Lebens suchen. Deswegen sehen wir nun klarer als seit langem, daß sich Heilung nicht allein auf physischer Ebene vollzieht. Geistheilung und Feuerlaufen werden offen diskutiert. Immer mehr erkennen wir, daß GEIST die Materie beeinflußt.

Die Umstände begünstigen uns also: Wir k ö n n e n aufwachen, bewußter werden und aus der Gußform des von der Vergangenheit geprägten Massen- und sogar Rassenbewußtseins ausbrechen. Die alten Muster des Verzichts und der Selbstverleugnung, der Angst (vor allem der vor der eigenen Kraft) haben keine Gewalt mehr über uns. Wir spüren, daß der ganze Planet sich auf eine neue Schwingungsfrequenz einstimmt und passen uns ihren Schwingungen der Liebe an.

Wir werden nicht überleben können, wenn wir uns weiterhin voneinander isolieren und uns gegenseitig befeinden. Der Zustand der Erde, von uns selbst geschaffen, stellt uns vor die Wahl: entweder wir arbeiten zusammen und helfen uns oder wir werden aussterben. Die in unserem Unbewußten tief verwurzelten Verhalten der Trennung, Isolierung und Feindschaft verlieren allmählich ihre Macht über uns und wir steuern auf ein neu gestimmtes Kollektivbewußtsein zu, das geprägt ist von Liebe und Harmonie.

Ich glaube, die Wurzel aller Krankheit ist ein tiefes Schuldgefühl: Wir fühlen uns schuldig, weil unser falsches Ich sich vom göttlichen SEIN abgespalten hat und nun unglücklich und ungeduldig darunter leidet, daß das Leben nicht nach seinen Wünschen und Vorstellungen verläuft. Aber Sie können diesem egomanischen Ich, das immer nur von sich selbst redet, auch entkommen und eine umfassendere Sicht gewinnen: Sie sehen und erleben unmittelbar, daß wir weder vom göttlichen SEIN noch von der ALL-SEELE getrennt sind, die unser wahres Selbst und das wahre Selbst der anderen umfaßt. Ja, wir sind mit dem UNIVERSUM eins, nicht von ihm abgespalten. Aus dieser Erkenntnis strömt Segen. Diese Erkenntnis heilt uns und die Welt.

In tieferem Sinn entfaltet sich jede Heilung aus Rückbesinnung: Selbstheilung bedeutet, daß wir uns auf unser wahres Wesen besinnen. Einen weiteren wichtigen Schlüssel der Heilung finden wir, wenn wir entdecken, wo unsere Emotionen erstmals aus ihrem harmonischen Fluß gestoßen wurden und sich im Körper wie eine Sperre festgesetzt haben. Wir wissen dann, wo wir das Leben falsch verstehen. Auch diese Störung des harmonischen Fließens ist letztlich auf unser Gefühl der Abspaltung und Isolierung vom göttlichen SEIN zurückzuführen. Die Menschheit muß dieses Gefühl nun überwinden: in einem „Quantensprung" unseres Kollektivbewußtseins.

Die Reiki-Kraft ist ein wirkungsvolles Hilfsmittel. Sie hilft dem einzelnen, sich nicht mehr isoliert, nicht mehr vom Ganzen abgespalten zu fühlen. In den einundzwanzig Tagen der Reinigung und Läuterung nach dem ersten Grad stoßen wir viele Energiestaus und emotionale Schlacken ab. Unsere Intuition wächst und vertieft sich und stimmt uns harmonischer auf unser höheres Selbst ein.

Die Reiki-Kraft erhöht die Schwingungsfrequenz unserer psychophysischen Verkörperung. Wir können mehr Energie aufnehmen und durch uns hindurchströmen lassen. Damit heben wir die Schwingungsfrequenz der Erde.

Reiki ist eine Methode der Kraftübertragung. Sie ermöglicht uns, den Schleier wegzuziehen, der unsere Bewußtheit bedeckt und trübt. Wir erkennen die höhere Wahrheit des SEINS. Unsere Bemühung um tiefere Bewußtheit und den Zugang zu unserem höheren Selbst wird uns reich belohnen: Wir sehen die Schleier sich heben und EMANENZ er-scheinen.

Glossar

AKUTE KRANKHEIT: heftige, aber kurze Erkrankung.

ÄTHER-KÖRPER: der BIOPLASMA-KÖRPER, die energetische Entsprechung des physischen Körpers; das L-FELD.

ASTRAL-KÖRPER: einer der feinstofflichen Körper, der höher schwingt als der Äther-Körper und eng mit den Emotionen verbunden ist.

AURA: eine feinstoffliche, unsichtbare Essenz, die vom Körper der Lebewesen abstrahlt.

BIOENERGETIK: Eine Form der Psychotherapie mit vielen Körperübungen, von Wilhelm Reich-Schüler Alexander Lowen entwickelt. Die Bio-energetik-Übungen erzeugen im Körper elektromagnetische Energie, die Energieblockaden durchbrechen und die gestaute Energie wieder natürlich fließen lassen können.

BIOPLASMA-KÖRPER: die russische Bezeichnung für den ÄTHER-KÖRPER.

CENTERING: die Sammlung der Bewußtheit im Hara oder Bauchzentrum; dabei lösen wir uns von aller Verstandestätigkeit und werden eins mit dem universalen Bewußtsein.

CHAKREN: Die Energiezentren im ÄTHER-KÖRPER. Sie hängen eng mit den endokrinen Drüsen des physischen Körpers zusammen.

CHRONISCHE KRANKHEIT: eine lang anhaltende Erkrankung.

EBENE DER VERURSACHUNG: die Daseinsebene, auf der sich jede Krankheit zuerst ankündigt, gleichbedeutend mit dem Gesetz von Ursache und Wirkung. Der KÖRPER DER VERURSACHUNG gehört zu den feinstofflichen Körpern; in ihm sind alle Erfahrungen aller vergangenen Leben gespeichert.

EINSTIMMUNG: die Einweihungen in die Reiki-Kraft; sie erhöhen die Schwingungsfrequenz des Körpers und öffnen in den Chakren einen besonderen Kanal für die heilenden Energien des Reiki.

ELEMENTARGEISTER: Gedankenformen, die sich verselbständigt und ein Eigenleben gewonnen haben. Medial veranlagte Menschen können viele verschiede Erscheinungsformen von Elementargeistern unterscheiden. Elementargeister sind nicht mit den Naturgeistern zu verwechseln.

EMANENZ: 1. etwas Herausragendes, Vorzügliches; 2. „Hoheit" (Anrede für einen Kardinal).

emanieren: aus einer Quelle hervorbrechen; Strahlen aussenden.

Essenz: 1. eigentliche Wesenheit einer Sache; 2. nicht-materielle Entität, inneres Wesen, als *Essentia* Voraussetzung der *Existentia*.

Diese drei Worte stehen für die Dreieinigkeit der EMANENZ.[1] Dieses Wort habe ich geprägt, um das Verschmelzen der noch dominierenden Dreieinigkeit in einem neuen Begriff zu veranschaulichen. Die ersten drei Gesetze der hermetischen Wissenschaft stoßen uns in dieselbe Richtung: Sie repräsentieren die drei Facetten des wesensmäßig e i n e n absoluten Gesetzes.

Die Schleier seines Bewußtseins verwehren dem Menschen die klare und unzweideutige Erkenntnis der Wahrheit, und deswegen hat er dieses absolute Gesetz bisher nur durch das Prisma der Dreieinigkeit wahrnehmen können. In unserer Zeit nun ist die Menschheit in ihrer Entwicklung an einen entscheidenden Punkt angelangt: Sie steht vor der Feuer-Taufe.

Das Feuer der Liebe läutert die Psyche. Wir sehen den Schleier sich heben. EMANENZ kann er-scheinen, sich in unserem Leben und wir uns in ihr manifestieren.

1) EMANENZ: Seinsweise eines Menschen, der zielgerichtet sein Bewußtsein erweitert, in tieferen Schichten der Psyche verwurzelt und mit allen Erscheinungen verbunden ist. Folglich stimmt er mit seinem höheren (universellen oder göttlichen) Selbst besser überein. Seine unmittelbare Bewußtheit erhöht die Schwingungsfrequenz seiner psycho-physischen Verkörperung und läßt seine Schwingungen frei nach außen strahlen. Andere erfahren diese als eine Emanation der Kraft der Liebe,

die ebenso das Wesen ihres eigenen Selbst, ja das Wesen jedes Selbst ist.

ENERGIEBLOCKADEN: alle Stellen im ÄTHER-KÖRPER und im physischen Körper, an denen der Energiefluß gestaut ist.

EXORZISMUS: ein Ritual zugunsten eines Menschen, der sich von einem „bösen Geist" besessen glaubt.

FEINSTOFFLICHER KÖRPER: jeder der für das normale Auge unsichtbaren Energiekörper (ÄTHER-KÖRPER, ASTRAL-KÖRPER und KÖRPER DER VERURSACHUNG); alle feinstofflichen Körper haben eine höhere Schwingungsfrequenz als der physische Körper.

GEISTHEILUNG: Heilung durch die Aussendung gebündelter Energie, häufig in Form einer Fernheilung.

HEILUNG: jede geringfügige bis grundlegende Veränderung, die das natürliche Gleichgewicht und damit die Gesundheit wiederherstellt.

KANAL: ein Mensch, der sich feineren Energien geöffnet hat, daß sie durch ihn hindurchströmen können; deswegen ist er in der Lage, höhere Stufen der Bewußtheit zu verkörpern und anderen Menschen zu vermitteln.

KIRLIAN-PHOTOGRAPHIE: eine von Semjon Kirlian in Rußland entwickelte Methode der photographischen Erfassung der Aura.

KRANKHEIT: jede Veränderung im Körper, die seine natürliche Funktion beeinträchtigt; gleichzeitig eine Aufgabe und Gelegenheit, Neues zu lernen und persönlich zu wachsen.

KRISTALL-GITTER: eine geometrische Anordnung von Kristallen, die ihre Ladung und Leistung vergrößert.

L-FELD: das von Burr und Northrup entdeckte „Lebensfeld", entspricht dem BIOPLASMA- oder ÄTHER-KÖRPER.

MAGISCHE CHIRURGIE: eine Form der GEISTHEILUNG, die direkt auf den ÄTHER-KÖRPER einwirkt und von ihrer äußeren Erscheinung an einen chirurgischen Eingriff erinnern mag.

MOBILISIERUNG DER TOXINE: die Ausscheidung der letzten Reste krankheitsverursachender Giftstoffe aus dem Körper, sowohl bei akuten als auch bei chronischen Erkrankungen häufig von einer heilenden Krise begleitet.

MUSTER: gewohnheitsbedingte Verhaltensstrukturen; sie lassen sich häufig auf eine traumatisierende Erfahrung in der Vergangenheit zurückverfolgen.

PLASMATISCHES STRÖMEN: eine unter Umständen heftige Aufhebung energetischer Sperren, die eine große Menge Energie durch den feinstofflichen und physischen Körper strömen läßt.

SCHWINGUNGSEBENE: die Frequenz, mit der die Lebensenergie jeweils auf einer bestimmten Ebene des Daseins schwingt.

VERARBEITEN: die Erfahrungen und das Wissen aus einer Therapie sich in das eigene Leben integrieren.

Die Autorin

Paula Horan Ph. D. ist Psychologin und Dozentin, Autorin und Leiterin von Seminaren, die das in uns schlummernde Potential entfalten helfen. Als inspirierende Lehrerin verbringt sie fast das ganze Jahr unterwegs, unterrichtet in vielen Ländern der Erde und macht die Teilnehmer ihrer Seminare mit zahlreichen wenig bekannten Aspekten unserer Seele und unseres Körpers vertraut.

In Paula kommen viele Eigenschaften der neuen Frau des 21. Jahrhunderts zusammen, die die Kultur der Menschheit zu einer neuen und andersgearteten Blüte führen wird. Sie ist vielseitig ausgebildet, hat in vielen Lebensbereichen aus der Praxis gelernt: Sie hat Schauspielunterricht gegeben, als psychologische Beraterin und im Management gearbeitet, einen Kur- und Badebetrieb geleitet und auf einem Kreuzfahrtschiff als Massage-Therapeutin und Vortragsreisende gewirkt.

Alle diese verschiedenen Erfahrungen vermittelten ihr sehr solide und unfassende Kenntnisse. Darüber hinaus sieht sie aus eben diesen Erfahrungen sich ein q u a l i t a t i v neues Wissen entwickeln: Schlüssel, die uns das innere Selbst erschließen. Auf dieser Grundlage hat Paula eine Reihe von Workshops entworfen, die Menschen aus ganz unterschiedlichen Kultur-, Gesellschafts- und Berufskreisen ansprechen können, wie das allgemein positive Echo beweist.

Paula kennt die Möglichkeiten und Kräfte der Selbstheilung aus eigenem Erleben, denn sie hat sich aus eigener Kraft von Brustkrebs und epileptischen Anfällen befreien können. 1986 vollendete sie ihre Doktorarbeit über ihre Zeit bei einem „magischen Chirurgen" in Mexiko, die Lehre und Feldforschung in einem war. Danach hat sie ihre Kenntnisse bei einer Reihe brasilianischer Geistheiler vertieft.

Ihre Forschungen führten sie schließlich zu Reiki, einer mächtigen Triebkraft jeder Heilung und Transformation. Deswegen betrachtet sie es als ihre Lebensaufgabe, möglichst viele Menschen sinnvoll in die Reiki-Kraft einzuführen und in ihrer Anwendung auszubilden, damit der menschliche Körper sich feineren Schwingungen und in ihnen transzendierender Bewußtheit öffnen kann.

Paula ist an den Beobachtungen ihrer Leser sehr interessiert. Gedanken zu diesem Buch und Anfragen wegen Seminaren richten Sie bitte an:

Paula Horan Ph. D.
P.O. Box 159
Rockport, WA 98283
U.S.A.

Adressen

Dem Verlag bekannte Adressen von Reiki-Meistern
in Ihrer Nähe werden gerne vermittelt. Legen Sie Ihrer
Anfrage bitte einen adressierten und frankierten
Rückumschlag bei.

Windpferd Verlagsgesellschaft mbH
"Reiki-Meister-Liste"
Postfach
D-87648 Aitrang

Empfohlene Literatur

Kapitel 1

Arnold L./Nevius S.: The Reiki Handbook – a Manual for Students and Therapists of the Usui Shiki Ryoho System of Healing, Psi Press, Herrisburg, 1982

Baginski, Bodo/Sharamon, Shalila: Reiki – Universale Lebensenergie, Synthesis Verlag, Essen, 7. Auflage 1989

Moss, T.: The Body Electric, J.P. Tarcher, Los Angeles, 1979

Ray, Barbara: The Reiki Factor, Expositions Press Smithtown, 1982

Interpretationen des feinstofflichen Körpers nach der Methode von Kirlian erhalten Sie von: Dr. Bara Fischer, P.O Box 8160, Santa Fé, New Mexico 87504, U.S.A.

Kapitel 4

Meek, G., Hrsg.: Heiler und Heilprozesse, Hirthammer Verlag, Freiburg, 1980

Tiller William: „The Positive and Negative Space/Time Frames as conjugate Systems" in, Krippner Stanley, Hrsg., Future Science, Doubleday, Garden City, 1977

Kapitel 5

Kehoe, John: Mind Power: Erkennen, Transformieren, Handeln – Der praktische Weg zu Gesundheit, Lebensfreude und Erfolg, Windpferd Verlag, Durach, 1. Auflage 1989

Price, R.: The Abundance Book, Quartus Books, Austin, 1987

Price, R.: The Manifestation Process: 10 Steps to the Fulfillment of Your Desires, Quartus Books, Austin, 1983

Price, R.: The Superbeings, Quartus Books, Austin, 1986

Kapitel 10: zu Lösung von Energieblockaden

Horan Paula: A Phenomenological Case Study of a Mexican Spiritualist Psychic Surgeon (Inauguraldissertation zur Erlangung der Doktorwürde), The University for Humanistic Studies, San Diego, 1986

Sharamon, Shalila/Baginski Bodo: Das Chakra-Handbuch, Windpferd Verlag, Aitrang, 8. Auflage 1990

Uhl, Marianne: Chakra-Energie-Massage, Windpferd Verlag, Durach, 3. Auflage, 1989

Kapitel 10: zu Farbe und Klang

Behrendt, Joachim Ernst: Nada-Brahma: Die Welt ist Klang, Rowohlt Verlag, Reinbek 5. Auflage, 1988

Cousto, Hans: Die kosmische Oktave, Synthesis Verlag, Essen, 1. Auflage, 1984

David, W.: The Harmonics of Sound, Color and Vibration: A System for Self-Awareness and Soul Evolution, Marina Del Rey, DeVorss&Co, 1980

Dinshah, D.: Let There Be Light, im Selbstverlag erscheinen bei: Dinshah Health Society, 100 Dinshah Drive, Malaga, New Jersey, 08328, U.S.A.

Dinshah, D.: The Spectro-Chrome System, im Selbstverlag erscheinen bei: Dinshah Health Society, 100 Dinshah Drive, Malaga, New Jersey 08328, U.S.A.

Hunt. R.: The Seven Keys to Color Healing: Diagnosis and Treatment Using Color,Harper&Row, New York, 1971

Nelson J.: The Metaphysical Properties of Color, im Selbstverlag erschienen bei: J. Nelson, 2572 46th Street, San Diego Calif., 92105, U.S.A.

Tonkassetten zur Dinshah Methode erhalten Sie bei: Jon Monroe, 950 Agua Fria, Santa Fé, New Mexico 87501, U.S.A.

Farbfilter zur Dinshah Methode erhalten Sie bei: Multimedia Studio, 219 Shelby, Santa Fé, New Mexico 87501, U.S.A.

Kapitel 10: zu Kristalle

Alper, F.: Exploring Atlantis: Volumes 1 and 2, Phoenix Arizona Metaphysical Society, 1981

Baer R./Baer V.: Windows of Light: Quartz Crystals and Self-Transformation, San Francisco, Harper & Row, 1984

Baer R./Baer V.: The Crystal Connection: A Guidebook for Personal and Planetary Transformation, San Francisco, Harper&Row, 1986

Deaver, Korra: Die Geheimnisse des Bergkristalls – Heilen, Meditieren und Pendeln mit den magischen Kräften des Quarzes, Winpferd Verlag, Durach, 3. Auflage, 1989

Klinger-Raatz, Ursula: Die Geheimnisse edler Steine, Windpferd Verlag, Aitrang, 8. Auflage, 1990

Lorusso, J./Glick, J.: Healing Stoned: The Therapeutic Use of Gems and Minerals, Albuquerque, Brotherhood of Life, 1979

Nelson J.: Guide to: Crystals, im Eigenverlag erschienen bei: J. Nelson, 2572 46th Street, San Diego, Calif. 92105, U.S.A.

Nelson, J.: Guide to: Metaphysical Properties of Stones, im Eigenverlag erschienen bei: J. Nelson, 2572 46th Street, San Diego, Calif 92105, U.S.A.

Raphaell, Katarina: Wissende Kristalle, Ansata Verlag, Interlaken, 1986

Raphaell, Katarina: Heilen mit Kristallen, Droemer/Knaur, München, 1988

Sharamon, Shalila/Baginski, Bodo: Edelsteine und Sternzeichen – die geheimnisvolle Kraft edler Steine und ihre Beziehung zu den zwölf Tierkreiszeichen, Windpferd Verlag, Aitrang, 2. Auflage 1990

Kapitel 10: zu Harmonisierung der Chakren

Leadbeater, C.W.: Der sichtbare und der unsichtbare Mensch, Hermann Bauer Verlag, Freiburg, 6. Auflage 1987

Motoyama, H. Theories of the Chakren: Bridge to Higher Consciousness, Wheaton, Theosophical Publishing House, 1981

Sharamon, Shalila/ Baginski Bodo: Das Chakra-Handbuch, Windpferd Verlag, Aitrang, 8. Auflage, 1990

Uhl, Marianne: Chakra Energie-Massage, Windpferd Verlag, Aitrang, 4. Auflage 1990

Uhl, Marianne: Die Chakra-Orgel, Windpferd Verlag, Durach, 1. Auflage, 1989

Kapitel 10: zu Centering

Benson, H.: The Relaxation Response, New York, Berkeley Press, 1978

Chia, Mantak: Tao Yoga – ein praktisches Lehrbuch zur Erweckung der heilenden Urkraft, Ansata Verlag, Interlaken, 1. Auflage 1985

Price, J.: Practical Spirituality, Austin, Quartus Books, 1985

Kapitel 11

Airola, Paavo: Are You Confused?, Phoenix, Health Plus Publishing, 1974

Airola, Paavo: Natürlich gesund: ein praktisches Handbuch biologischer Heilmethoden, Rowohlt Verlag, Reinbek, 1987

Airola, Paavo: How to Keep Slim, Healthy and Young with Juice Fasting, Phoenix, Health Plus Publishing, 1974

Blackie, M.: The Patient, Not the Cure: The Challenge of Homeopathy, Santa Barbara, Woodbridge Press Publishing 1978

Cousens, Gabriel: Spiritual Nutrition and the Rainbow Diet, Cassandra Press, San Rafael CA, 1987

Chang, S.: The Complete Book of Acupuncture, Millbrae, Celestial Arts, 1976

Gerson, Max: Eine Krebstherapie, Hyperion Verlag, Freiburg, 1960

Kaptchuk, Ted: Das große Buch der chinesischen Medizin, O.W. Barth Verlag, München, 1. Auflage 1988

Kulvinskas, Viktoras: Leben und Überleben: Kursbuch ins 21. Jahrhundert, Hirthammer Verlag, Freiburg, 1980

Lad, Vasant: Das Ayurweda-Heilbuch – Anleitung zur Selbstdiagnose, -Therapie und Heilung mit dem ayurwedischen System, Windpferd Verlag, Durach, 4. Auflage 1989

Lad, Vasand: Die Ayurweda Pflanzen-Heilkunde, Windpferd Verlag, Durach, 2. Auflage 1988

Laut, P.: Rebirthing: The Science of Enjoying All Your Life, San Rafael, Trinity Publishers

Orr, Leonard/Ray, Sondra: Rebirthing in the New Age, Millbrae, Celestial Arts, 1977

Ray, Sondra: Celebration of Breath, Millbrae, Celestial Arts, 1983

Wigmore, A.: The Hippokrates Diet, Wayne, Avery Publishing Group, 1984

Kapitel 15

Baginski, Bodo/Sharamon Shalila: Reiki – Universale Lebensenergie, Synthesis Verlag, Essen, 7. Auflage 1989

Gerson, Max: Eine Krebstherapie, Hyperion Verlag, Freiburg, 1960

Hay, Louise: Gesundheit für Körper und Seele, Heyne Verlag, 1989

Kübler-Ross, Elisabeth: Befreiung aus der Angst, Kreuz Verlag, Stuttgart, 1983

Kübler-Ross, Elisabeth: Über den Tod und das Leben danach, Silberschnur-Verlag, 3. Auflage 1985

Kapitel 16

Dychtwald, Ken: Körper-Bewußtsein, Synthesis Verlag, Essen, 5. Auflage, 1986

Lowen, Alexander: Körperausdruck und Persönlichkeit – Grundlagen und Praxis der Bioenergetik, Kösel Verlag, München, 3. Auflage 1988

Mindell, Arnold: Der Leib und die Träume, Junfermann Verlag, Paderborn, 1. Auflage 1987

Rolf, Ida: Rolfing, Hugendubel Verlag, München, 1. Auflage 1988

Merlin´s Magic

Reiki

Musik zur Reiki-Behandlung, Inspiration und Heilung

Die Reiki Musik wurde speziell für die Reiki Behandlung komponiert und eignet sich vorzüglich als musikalisches Umfeld für alle möglichen Techniken zur Harmonisierung und sanftem Energieausgleich.
Die Wirkung von Reiki, Massagen und Meditationen u.a. wird durch die harmonische Komposition und Instrumentierung unterstützt und vertieft. Wegen ihrer Harmonie und Wohlbefinden verbreitenden Wirkung wird die Reiki-Musik von namhaften Reiki Meistern[*] auf das herzlichste empfohlen
[*] *Shalila Sharamon und Bodo J. Baginski, Ursula Klinger-Raatz, Walter Lübeck, Paula Horan, Brigitte Ziegler u.a.*

MC, ISBN 3-89385-736-2 DM 28,-
CD, ISBN 3-89385-735-4 DM 38,-
Spieldauer: 60 Minuten

Shalila Sharamon, Bodo Baginski & Merlin´s Magic

Chakra-Meditation

Eine akustische Reise nach innen zu den Zentren der Kraft.

Chakra-Meditation entführt den Zuhörer mit subtilen Klängen und inspirierenden Texten in seine inneren Welten. Die Kompositionen, die Töne, die Instrumentierung und die fein in die musikalische Struktur eingewobenen Naturklänge sind ein faszinierendes und inspirierendes Werk, das in der Welt der meditativen Musik neue Maßstäbe setzt.
>Kassette einlegen, zurücklehen, entspannen, zuhören.< Und schon beginnt ein faszinierendes Abenteuer, eine Reise nach innen, zu den Zentren der Kraft.

MC mit 53 Min. Spieldauer
Text und Musik
in Buchbox mit Begleitheft
ISBN 3-89385-060-0   DM 29,80

Paula Horan/Brigitte Ziegler
Kraft aus der Mitte des Herzens

Voller Energie, in der Mitte unseres Herzens zentriert mit klarem und offenem Blick in die Welt schauen, dem Leben intensiv begegnen, ohne Angst, ohne Kompromisse - wer möchte das nicht. Doch zuerst müssen wir unsere Co-Abhängigkeiten auflösen: unsere Sucht nach Essen, Alkohol, alten Gewohnheiten, Problemen, Freunden, Liebe, Bestätigung... Im Laufe unseres Lebens formen sich unsere Gedanken zu Kristallen und setzen sich im Körper fest, um irgendwann den Energiefluß zu blockieren: unsere Wahrnehmung wird trübe, die Lebensfreude läßt nach, es fehlt Energie. Die Autorinnen sind Therapeutinnen: sie zeigen uns, wie wir Körperkristalle aufspüren, Co-Abhängigkeiten erkennen, Bindungen loslassen und das Leben wieder voller-Begeisterung erfahren können.

128 Seiten, DM 16,80
ISBN 3-89385-080-5

Shalila Sharamon, Bodo J. Baginski
Einverstandensein

Der Weg zur Einheit führt über das Einverstandensein und damit über die Erlösung des "Schattens", also all jener Anteile der Ganzheit, die wir in die Einseitigkeit verdrängt haben, und die uns in Form von Schicksal, Krankheit und Leid wieder begegnen. Das Einverstandensein führt uns zu unserer eigentlichen Mitte und somit zu wirklicher Heilung, zu einer Entfaltung unseres gesamten Potentials an Liebe und schöpferischer Energie.
Der "Schatten", seit C.G.Jung Synonym für all jene Anteile der Ganzheit, die durch den Menschen ins Unbewußte verdrängt und abgeschoben wurden, erfährt durch die hier dargestellte Methode eine tatsächliche Erlösung aus der Verbannung. Hierin liegt tatsächlich die große Chance des Menschen, sich ohne Umwege in Richtung Vollkommenheit zu entwickeln.

176 Seiten, DM 19,80
ISBN 3-89385-086-4

Brigitte Ziegler

Erfahrungen mit der Reiki-Kraft

**Schritte in die Freiheit
Das Geheimnis der
Lebensenergie**

Reiki ist eine universelle Lebensenergie - die die Materie zusammenhält, Menschen in Liebe verbindet und das Samenkorn seiner Bestimmung entgegenwachsen läßt... Hunderttausende haben sich in Reiki ausbilden lassen, d.h. sie haben gelernt, diese Energie zu aktivieren und gezielt einzusetzen.
Brigitte Ziegler zeigt in diesem Buch, welche Erfahrungen mit Reiki möglich sind, was in Menschen vor sich geht, wenn sie mit Reiki in Kontakt kommen. Ihre Erfahrungsberichte geben einen Einblick in die Praxis, die Hintergründe und die positive Veränderung, die Reiki in bewirken kann.

176 Seiten, DM 19,80
ISBN 3-89385-103-8

Walter Lübeck

REIKI - Der Weg des Herzens

**Der Reiki-Einweihungsweg.
Eine Methode der ganzheitlichen
Heilung von Körper, Seele und
Geist**

Reiki zählt mit zu den heute populärsten esoterischen Erkenntniswegen. Reiki beschreibt die Fähigkeit, universelle Lebensenergie zum Heilen von sich selbst und anderen einzusetzen. In diesem Buch wird genau beschrieben, welche Möglichkeiten durch die direkte Erfahrung der Reiki-Kraft offenstehen. Es beschreibt den Einweihungsweg durch die drei Reiki-Grade, zeigt auf, welche Erfahrungen gemacht werden können und wie sich das Leben durch den fortschreitenden Kontakt mit der Reiki-Energie verändern kann.

192 Seiten, DM 19,80
ISBN 3-89385-070-8